HOFFNUNG FÜR IMAGE

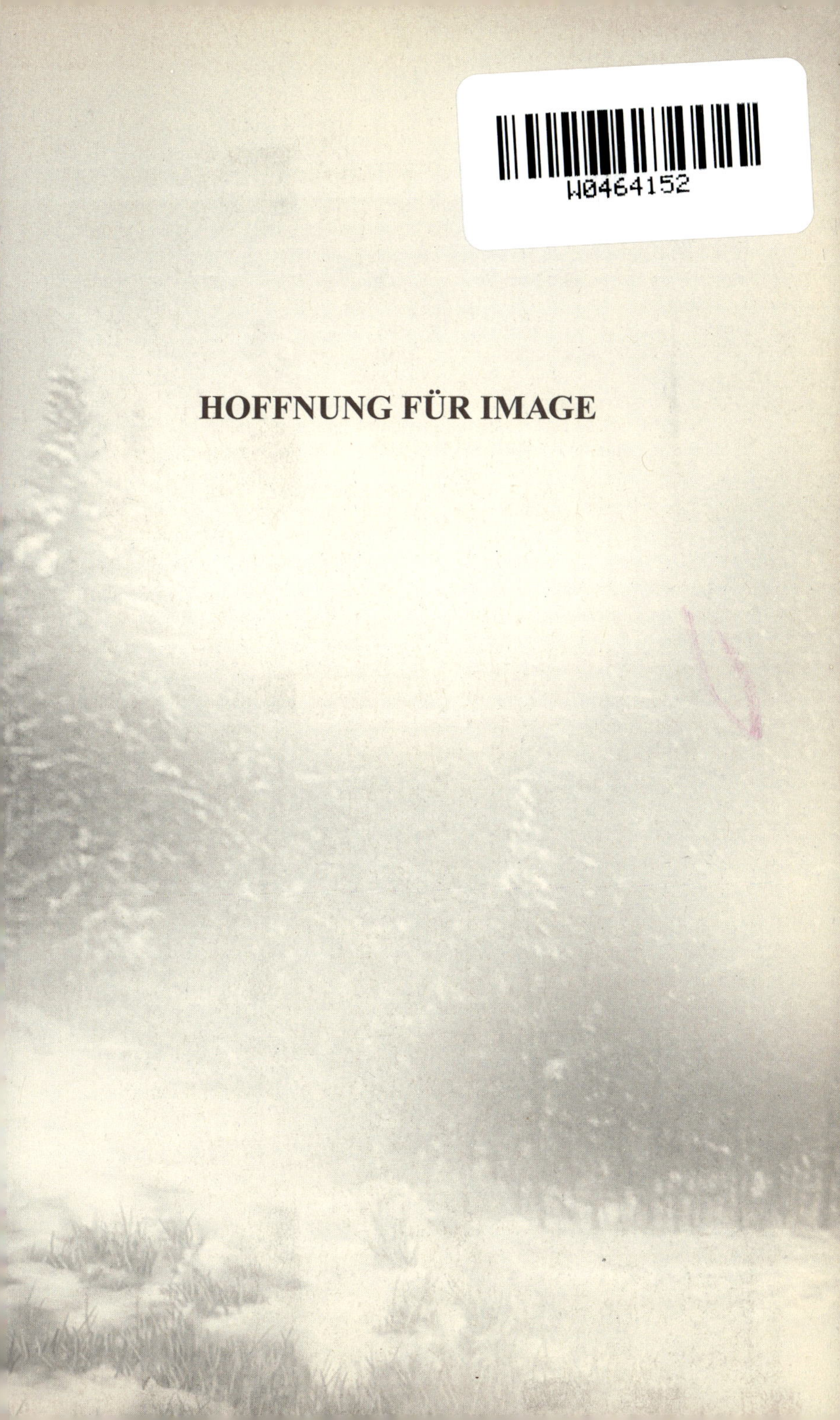

Über die Autorin:

Joanna Campbell wurde am 2. November 1946 in Norwalk, Connecticut, geboren.
Nachdem Joanna das Norfolk Community College abgeschlossen hatte, heiratete sie 1969 Kenneth M. Campbell. Die Ehe, aus der Joannas zwei Kinder Kimberly und Kenneth hervorgingen, wurde jedoch geschieden. 1988 heiratete sie Ian Bruce. Die Familie zog nach Maine und lebt heute an der Küste in Camden.
Joanna Campbell ist Autorin von Erwachsenen- und Jugendbüchern.
1981 veröffentlichte sie ihren ersten Roman für Jugendliche.
Bevor sie sich aber ganz dem Schreiben widmete, besaß sie ein Antiquitäten-Versand-Unternehmen. Außerdem studierte sie Gesang und klassisches Piano und arbeitete professionell in beiden Bereichen. Sie liebt Tiere, besonders Pferde, und hatte selbst eine Quarter-Horse-Mischung namens Moe.

Joanna Campbell hat für ihre literarische Arbeit bereits verschiedene Auszeichnungen erhalten, wie zum Beispiel
West Coast Review of Books Bronze Forgi, 1984, Historical Fiction.
Romantic Times Award, Best Time Travel Novelist, 1984.
Romantic Times Reviewer's Choice Award, 1984 für „Love Once Again".
Minnesota Youth Reading Association Lovelace Reading Award für „The Mustang", 1991.

Die Vollblut-Serie von Joanna Campbell erscheint regelmäßig im PonyClub.
Und darum geht's:

Christina und ihre Cousine Melanie leben auf dem Gestüt Whitebrook, das Christinas Eltern Aileen und Mike Griffen gehört. Die Pferde des Gestüts sind der Lebensinhalt der Mädchen.
Eigentlich wollte Christina mit ihrer Stute Sterling immer bei den Olympischen Spielen im Vielseitigkeitsreiten teilnehmen. Doch als die Stute Wunder kurz nach der Geburt ihres Fohlens Stern stirbt und Christina den kränkelnden Hengst mit der Hand aufziehen muss, ändert sich alles.
Mit der Ruhe ist es beim Leben auf Whitebrook nicht weit her, und mit ihren Freunden Parker und Kevin erleben Christina und Melanie immer spannende Geschichten.

PonyClub

VOLLBLUT 44

HOFFNUNG FÜR IMAGE

nach einer Idee von
Joanna Campbell

Pony Club

Titel der amerikanischen Originalausgabe:
THOROUGHBRED 44 – PERFECT IMAGE

Pulished by agreement with
17th Street Productions/360 YOUTH LLC, New York, USA
Dieses Werk wurde vermittelt durch die Literarische Agentur
Thomas Schlück GmbH, 30827 Garbsen.
Umschlaggestaltung: Stabenfeldt AS
Übersetzung: Nina Thelen

Umwelthinweis:
Dieses Buch wurde auf chlorfrei gebleichtem Papier gedruckt.

Herausgeber und Verlag:
PonyClub, Stabenfeldt GmbH,
Oskar-Schlemmer-Str. 11, 80807 München
Redaktion und DTP/Satz: Stabenfeldt GmbH
Printed in Germany 2009
ISBN 978-3-940455-48-2

Kapitel 1

„Es dauert nur eine Minute, versprochen.“ Melanie öffnete die Tür des Pick-up. Kevin hatte neben dem Tor geparkt, das zu den Stallbereichen der Keeneland-Rennbahn führte.

„Eine Minute?“ Kevin lachte. „Wer’s glaubt.“ Er stellte den Motor ab, machte es sich auf dem Fahrersitz bequem und zog sich die Baseballkappe über die Augen. „Weck mich, wenn du wieder da bist.“

Melanie verdrehte die Augen und sprang aus dem Wagen. Wahrscheinlich hatte Kevin recht. Sie würde länger brauchen als eine Minute. Aber nicht viel länger. Vince Jones hatte ihr untersagt, sich seinem Stallbereich zu nähern, also konnte sie Image nur einen kurzen Besuch abstatten.

Es war acht Uhr am Dienstagabend, und auf der Rennbahn waren nur noch ein paar vereinzelte Arbeiter unterwegs. Laternen beleuchteten die Stallungen und warfen unheimliche Schatten über das Gelände. Bei jedem Geräusch schrak Melanie zusammen. Sie fühlte sich gar nicht wohl dabei, sich so heimlich zu Image zu schleichen, doch ihr blieb ja nichts anderes übrig.

Seit Image überstürzt von Tall Oaks, dem Gestüt von Fredericka Graber, weggeholt worden war, vermisste Melanie die Stute schrecklich.

Auf Tall Oaks hatte sie die letzten drei Wochen der Sommerferien jeden Tag mit Image gearbeitet. Kevin hatte ihr geholfen. Sie hatten fantastische Fortschritte gemacht, und Melanies Traum, die erste Reiterin auf Images Rücken zu sein, war schon zum Greifen nahe gewesen. Doch dann hatte Vince die Stute urplötzlich nach Turfway Park schaffen lassen, wo die anderen Pferde, die er trainierte, gerade Rennen liefen. Melanie wusste, dass Image noch nicht so weit war, doch in seiner Ungeduld, die Zweijährige rennfertig zu machen, hatte der sture Trainer all ihre Einwände beiseite gewischt.

„Vince versteht das nicht", dachte Melanie. Sie hatte viel Zeit und Mühe investiert, das Vertrauen der Stute zu gewinnen. Und allmählich war aus diesem Vertrauen eine besondere Bindung geworden. Doch das war einem Trainer alter Schule wie Vince Jones nur schwer zu vermitteln. Für ihn war Image einfach ein weiteres Vollblut in seinem Stall.

Als sie an der Rennbahnkantine vorbeilief, blickte sich Melanie nervös um. Wenn Vince sie erwischte, würde er toben vor Wut. Wahrscheinlich würde er die Wachleute anweisen, sie nicht mehr auf das Gelände zu lassen. Am Montag, als der Trainer Image dann von Turfway Park nach Keeneland gebracht hatte, hatte er Melanie klar zu verstehen gegeben, dass sie auch hier nicht erwünscht war.

„Und das ist nicht fair", sagte Melanie zu sich. Na gut, vielleicht war es nicht besonders schlau gewesen, Vince Jones – dem größten Trainer der Ostküste – ins Gesicht zu sagen, dass er mit Image nicht umgehen könnte. Image war ja nicht einmal Melanies Pferd.

Vince würde nie zugeben, dass er bei Images Training Fehler machte, auch wenn die katastrophalen Wochen in Turfway das bewiesen hatten. Die launische, temperamentvolle Stute hatte sich mehrfach von ihren Pflegern losgerissen und sogar einige zu Boden geworfen. Image ließ niemanden an sich heran; ans Reiten war gar nicht zu denken. Zuerst hatte Vince Melanies Ratschläge einfach ignoriert, dann hatte er es irgendwann satt gehabt, dass sie sich ständig einmischte und mit ihm diskutieren wollte. Und er hatte ihr den Umgang mit Image verboten.

Als sie Stall fünfzehn erreichte, blieb Melanie kurz stehen und atmete tief durch. Es war klar, dass mindestens ein Pfleger Dienst hatte. Vollblüter waren wertvolle Tiere, und kein Trainer konnte es sich leisten, sie auch nur für kurze Zeit aus den Augen zu lassen. Doch Melanie hoffte, dass der Arbeiter vielleicht im Stallbüro saß oder, noch besser, sich gerade in der Kantine einen Imbiss holte.

Sie spähte um die Ecke des Gebäudes. Die Tür zum Büro war halb geschlossen. Sie konnte niemanden sehen, doch sie hörte Stimmen. Vielleicht hatte der Pfleger Besuch von einem Freund oder er telefonierte.

Die Pferde schraken auf und schnaubten, als Melanie die Boxenreihe entlanglief. Einige steckten die Köpfe über die Boxensperren und hofften auf ein wenig Zuwendung. Es war Anfang Oktober, und die Nächte waren kühl, daher trugen die meisten von ihnen bereits leichte Decken.

„Tut mir leid, meine Lieben, keine Zeit für Streicheleinheiten“, flüsterte Melanie im Vorbeieilen. Bei Images Box angekommen, warf sie einen letzten Blick über die Schulter und schob dann den oberen Riegel zurück. Anders als bei den anderen Pferden, die hinter Sperren aus Nylongurten oder halbhohen Drahttüren standen, war Images Box unten mit einer massiven Holztür und im oberen Bereich mit einem stabilen Gitterfenster verschlossen. Die Stute hatte sich einen Ruf als wahre Ausbrecherkönigin erworben und musste daher nun in so einer Gefängniszelle stehen.

„Ich bin's, meine Hübsche", murmelte Melanie, als sie das Fenster aufschwang. Sofort steckte Image den Kopf heraus. Sie blickte sie aus riesigen, dunklen Augen an und blähte die Nüstern. Die Stute warf den Kopf hoch und stieß ein klagendes Wiehern aus.

„Schsch." Melanie legte einen Finger an die Lippen. Die Stute starrte mit wildem Blick in die Nacht hinaus.

„Ach, Image." Melanie fuhr mit der Hand über den Hals der Stute. „Was haben die mit dir gemacht?"

Sie spürte einen Stich im Herzen. Image hasste es, in ihrer Box eingesperrt zu sein. Auf Tall Oaks hatte die Stute ihre eigene Weide gehabt und war Tag und Nacht draußen gewesen. Seit Image auf der Rennbahn war, hatte ihr schwarzes Fell an Glanz verloren, und die blitzende Neugier in ihren Augen war verblasst. Doch jetzt sah sie noch viel schlechter aus. Melanie erkannte sie kaum wieder. In den weit aufgerissenen Augen der Stute war Panik zu sehen, ihr Hals war von Schweiß verklebt.

„Ich habe dir was mitgebracht." Melanie zog eine Möhre aus ihrer Hosentasche. Image schwang den Kopf so schnell zu ihr herum, dass sie ihr die Möhre aus der Hand schlug. Als sich Melanie bückte, um sie aufzuheben, warf sich die Stute mit Wucht gegen die Holztür.

Melanie legte ihr beruhigend die Hand auf den Hals, doch Image schlug mit dem Kopf, wirbelte auf der Hinterhand herum und sprang dann wieder gegen die Tür. Melanie stiegen die Tränen in die Augen.

Schnell öffnete sie die Tür, schlüpfte hinein und verriegelte sie wieder. Einen Augenblick stand Image wie angewurzelt da und betrachtete Melanie. „Ich bin's", flüsterte Melanie und hielt ihr wieder die Möhre hin.

Image klaubte den Leckerbissen mit weichen Lippen aus ihrer Hand und trat dann mit einem Vorderhuf gegen die Tür. Melanie kraulte sie unter dem Schopf und versuchte, sie abzulenken. Sie blinzelte die Tränen weg und schaute sich in der Box um. An vielen Stellen hatte die Stute die Streu bis auf den blanken Boden weggescharrt. An den Wänden sah sie Spuren von ihren Zähnen. Und obwohl die Box sauber war, waren Stroh und Heu offensichtlich nicht ordentlich aufgelockert und verteilt worden, als hätte es der Pfleger sehr eilig gehabt, wieder aus der Box zu kommen.

Image war in einem elenden Zustand. Die Stute hatte abgenommen, seit Melanie sie das letzte Mal gesehen hatte, und ihr Fell war stumpf und schuppig. Keiner der Pfleger arbeitete gern mit ihr, und das bedeutete, dass sich niemand die Zeit nahm, sich wirklich um sie zu kümmern.

„Meine Image." Melanie seufzte. „Wie kann ich dir bloß helfen?"

„Ich muss mit Fredericka reden", beantwortete sie sich selbst die Frage. Images Besitzerin, Fredericka Graber, liebte die Stute genauso wie sie. Sie musste erfahren, wie es um ihr Pferd stand.

Melanie hatte Fredericka bereits mehrfach darauf hingewiesen, dass Vince die Stute viel zu früh von Tall Oaks weggeholt hatte. Doch wie alle anderen hatte Fredericka gemeint, der erfahrene Trainer werde schon am besten wissen, was richtig sei.

Melanie gab Image noch eine Möhre. „Ich werde Fredericka überzeugen, dass sie dich nach Hause holen muss", fügte sie mit Nachdruck hinzu. „Das verspreche ich dir."

Image drehte sich rastlos in der Box herum und scharrte wild mit dem Huf. Dann steckte sie den Kopf über die Holztür und wieherte. Mehrere Pferde wieherten zurück. So weh es Melanie tat, sie wieder allein zu lassen, es war nur eine Frage der Zeit, bis jemand kam, um nachzusehen, was die Pferde so aufregte.

„Ich versuche, morgen wiederzukommen", sagte Melanie und küsste das Pferd zwischen die Nüstern. Dann öffnete sie die Tür einen Spaltbreit und quetschte sich rasch hindurch, bevor die Stute auf die Öffnung zuspringen konnte – in Richtung Freiheit. Schnell schlug Melanie die untere Holztür zu und schob den Riegel vor. Beim Fenster zögerte sie. Es fiel ihr unendlich schwer, doch sie musste die Stute einsperren. Images letzter Ausbruch hatte mit einer Katastrophe geendet. Sie war während der Trainingszeit auf die Rennbahn gelaufen und dort mit Gratis zusammengestoßen, einem der Pferde, die Vince Jones trainierte. Gratis hatte genäht werden müssen, und Christina, die im Sattel gesessen war, hatte sich das Handgelenk verstaucht.

Ein zweiter Unfall dieser Art wäre das Aus. Fredericka hatte ohnehin Bedenken, ob Image nicht viel zu eigen war, um je ein Rennpferd zu werden, und Brad Townsend versuchte seit geraumer Zeit, sie zu überreden, ihm die Stute für die Zucht zu verkaufen.

Melanie schloss und verriegelte das Fenster. Angewidert verzog sie das Gesicht bei dem Gedanken, dass er Image in die Finger bekommen könnte. Brad Townsend würde sich niemals die Mühe machen, die Stute für die Rennbahn zu trainieren. Ihre Abstammung jedoch war tadellos, und Brad würde das nicht ungenutzt lassen. Noch vor ihrem dritten Geburtstag würde Image mit Senkrücken und Tonnenbauch herumlaufen. Melanie glaubte als Einzige daran, dass die Stute den nötigen Biss, die Kraft und die Ausdauer besaß, um ein Weltklasse-Rennpferd zu werden. Doch leider nahm sie niemand ernst.

Melanie seufzte frustriert und eilte zum Parkplatz zurück. Als sie den Pick-up erreichte, schnarchte Kevin leise. Zuerst dachte Melanie, er würde sich nur schlafend stellen, doch als sie die Tür zuschlug, schrak er aus seinem Sitz hoch und sah sie mit glasigen Augen an. „Hast du ein Tor geschossen?“, fragte er.

„Nein“, erwiderte Melanie und unterdrückte ein Lachen. „Alles klar mit dir?“ Sie berührte Kevins Arm, und er lächelte verlegen.

„Ich muss geträumt haben. Ich war mitten in einem Fußballspiel.“ Er strich sich die roten Haare zurück und setzte die Kappe wieder auf. „Wie lang warst du weg?“

„Nur ein paar Minuten“, schwindelte Melanie.

Er warf einen Blick auf seine Uhr. „Eher eine halbe Stunde.“

„Offensichtlich hast du den Schlaf gebraucht. Wieder mal spät geworden mit Lindsey?“, zog sie ihn auf. Vor einiger Zeit waren Melanie und Kevin ein Paar gewesen, doch nachdem sie Anfang des Sommers festgestellt hatten, dass sie sich als Freunde im Grunde besser verstanden, hatten sie sich getrennt. Als Kevin Lindsey kennengelernt hatte, ein anderes Mädchen aus der Abschlussklasse der Henry-Clay-Schule, war Melanie zunächst eifersüchtig gewesen, doch bald hatte sie eingesehen, dass er und Lindsey gut zueinander passten, und solange sie immer noch mit Kevin befreundet sein konnte, freute sie sich für ihn.

„Nein, zu viel Hausaufgaben und Fußball“, brummte

Kevin. „Zum Glück haben wir die nächsten drei Tage frei. Ich brauche wirklich mal eine Auszeit. Und? Wie geht es Image?“, fügte er hinzu, als er den Wagen anließ.

„Nicht gut“, antwortete Melanie, die Stirn in tiefe Sorgenfalten gelegt. „Ich muss mit Fredericka sprechen. Sie muss erfahren, wie unglücklich Image hier ist.“

Kevin sah sie von der Seite an. „Sicher. Aber sie vertraut Vince. Er trainiert ihre Pferde, solange ich denken kann, und du kennst ja die Pferdehalter in Kentucky und ihre Traditionen.“

„Ja, ja. Und ich bin nur ein kleines Mädchen und nur ein Stift – was weiß ich schon?“, brummte Melanie.

Kevin lachte leise. „Du hast es erfasst.“

Melanie setzte sich kerzengerade auf und verschränkte die Arme vor der Brust. „Aber ich weiß, wie es geht. Ich kenne Image besser, als jeder andere!“

„Mich musst du nicht überzeugen.“

„Heißt das, du fährst mich jetzt nach Tall Oaks, damit ich mit Fredericka reden kann?“, fragte Melanie hoffnungsvoll.

„Natürlich. Morgen ist keine Schule, und Lindsey ist mit ihrer Familie weggefahren. Ich habe also Zeit.“

„Danke.“ Melanie lehnte sich in ihrem Sitz zurück. Die Keeneland-Rennbahn war keine zehn Kilometer von Lexington entfernt, und sie würden zu Fredericka Hof nicht lange brauchen. „Wo sind Lindsey und ihre Familie denn hingefahren?“

„Sie haben irgendwo an einem See ein Ferienhäuschen. Sie hat mich eingeladen mitzukommen, aber nächste Woche sind ja die entscheidenden Spiele, und mein Trainer will, dass ich mit dem Training weitermache.“ Er tätschelte sein Knie. „Es ist fast wieder wie vorher.“

Während einer ihrer Trainingseinheiten hatte die Stute Kevin gegen einen Holzpfosten gestoßen, und er hatte sich das Knie angeschlagen. Es hatte Wochen gedauert, bis der Bluterguss in seinem Knie so weit abgeheilt war, dass er wieder Fußball spielen konnte.

An ihrer Unterlippe nagend, sah Melanie aus dem Fenster. Sie überlegte, wie sie Fredericka überzeugen konnte. Dabei musste man Image doch nur ansehen, um zu merken, dass Vinces Trainingsplan nicht funktionierte.

Sobald sie vor dem prachtvollen Haus aus dem neunzehnten Jahrhundert hielten, sprang Melanie aus dem Wagen. „Kommst du mit rein?“, fragte sie Kevin. „Du hast ja auch einen großen Anteil an Images Training gehabt.“

„Wenn du willst, komme ich mit“, erwiderte Kevin. „Aber du musst selbst mit Fredericka reden.“

„Okay.“

Fredertickas Hausmädchen Luanne öffnete die Tür nach dem ersten Läuten und führte die beiden ins Wohnzimmer. Fredericka saß in einem Sessel und las. Sie trug einen Rock aus einem feinen Wollstoff und eine langärmelige Seidenbluse. Ihr grau gesträhntes Haar hatte sie mit einer silbernen Spange hochgesteckt.

Nach dem Tod ihres Mannes Charles hatte Fredericka die Leitung des Gestüts übernommen. Sie hatte die Zahl der Zuchthengste erhöht, einen Hengststall angebaut und eine neue Gestütsleiterin eingestellt. Ihr erfolgreichstes Rennpferd, der Hengst Gratis, der ebenfalls von Vince Jones trainiert wurde, lief gerade auf der berühmten New Yorker Rennbahn Belmont Park.

„Miss Melanie Graham und Mr. Kevin McLean“, meldete Luanne die beiden an.

Fredericka legte ihr Buch zur Seite und stand auf. „Was für eine schöne Überraschung“, sagte sie mit einem aufrichtigen Lächeln. „Ist alles in Ordnung, Melanie?“

Melanie räusperte sich. Fredericka hatte sie während des ganzen Krachs mit Vince freundlich und höflich behandelt. Sie musste ihre Worte mit Bedacht wählen. „Ich wollte mit Ihnen über Image reden.“

Immer noch lächelnd, nickte Fredericka. „Warum überrascht mich das nicht? Setzt euch doch. Luanne, würdest du uns bitte etwas Limonade bringen?“ Sie nahm wieder in ihrem Sessel Platz.

„Nein, bitte keine Umstände, es dauert nur eine Minute“, sagte Melanie schnell. Sie sah zu Kevin hinüber. „Fredericka, ich war heute Abend bei Image“, fuhr sie fort. „Sie sieht furchtbar aus. Sie ist dreckig und abgemagert. Ihre Box ist ein einziges Durcheinander, und sie ist so verstört, dass sie sogar schon die Wände abnagt. Ich ertrage es nicht, sie so zu sehen. Sie ist da eingesperrt wie in einer Zelle!“

„Ich weiß, meine Liebe.“

„Sie wissen Bescheid?“

Fredericka nickte. „Natürlich. Vince hält mich ständig auf dem Laufenden. Er ist sich durchaus bewusst, in welchem Zustand Image ist, und ich besuche sie regelmäßig.“

„Aber warum unternehmen Sie dann nichts, um ihr zu helfen?“

„Das tue ich ja. Ich höre mir Vinces Vorschläge an. Er probiert eine neue Futterergänzung aus, die beruhigend wirken soll, und er will es mit Scheuklappen versuchen, damit sie sich besser aufs Laufen konzentriert.“

Melanie riss ungläubig die Augen auf. „Was, er stellt sie ruhig?“

Fredericka legte den Kopf schief und sah Melanie stirnrunzelnd an.

Melanie wurde rot. „Entschuldigung. So habe ich es nicht gemeint. Ich mache mir nur Sorgen, und ich glaube nicht, dass andere Futtermittel oder Ausrüstungsgegenstände helfen werden."

„Was schlägst du denn vor?"

Melanie war so überrascht, nach ihrer Meinung gefragt zu werden, dass sie für einen Augenblick sprachlos war. „Also, ich ... ich denke, Image sollte zurück nach Tall Oaks", stammelte sie schließlich. „Hier, wo sie sich wohlfühlt und ruhiger ist, sollte sie die Grundbegriffe lernen. Danach könnte sie nach Whitebrook oder auf ein ähnliches Gestüt mit einer großen Trainingsbahn. Dort kann sie sich langsam an die anderen Pferde, an die Startmaschine und an das Treiben auf einer Rennbahn gewöhnen. Und erst dann kann sie vielleicht nach Keeneland zurück. Aber das Wichtigste für sie wäre, dass ich mit ihr arbeite."

Als Melanie fertiggesprochen hatte, standen ihr die Tränen in den Augen.

Fredericka lehnte sich in ihrem Sessel zurück. „Nun, offenbar hast du dir ja viele Gedanken gemacht, Liebes", begann sie. „Aber du musst Vince von deinen Ideen überzeugen. Er trainiert unsere Pferde seit über zwanzig Jahren. Charles hat ihm vertraut, und das tue ich auch."

Melanie wand sich innerlich. „Vince? Aber er hört mir nicht zu. Ich darf mich noch nicht mal seinem Stall nähern."

Fredericka sah sie mit festem Blick an. „Dann hast du ja eine Aufgabe vor dir."

Melanie ließ die Schultern hängen und sah hilfesuchend zu Kevin hinüber.

Er zuckte die Achseln. „Da hat Mrs. Graber recht. Vince ist der Trainer. Mit ihm musst du reden."

„Aber ich ... ich ...", stammelte Melanie.

Fredericka stand auf, ging zu Melanie hinüber und umarmte sie kurz. Sie lächelte. „Es ist doch auch in seinem Interesse, dass Image Erfolg hat. Und Vince gibt sich wirklich Mühe mit ihr. Man muss nur wissen, wie man ihn richtig anfasst."

„Dann meinen Sie also, ich soll ihm nicht sagen, dass er ein lausiger Trainer und ein Vollidiot ist?", murmelte Melanie, sich über die Augen wischend.

Fredericka lachte. „Nein, besser nicht."

Melanie holte tief Luft, wie um ihre Kräfte zu sammeln, und atmete dann langsam aus. „Na gut. Ich rede mit Vince. Gleich morgen früh." Das würde kein Zuckerschlecken werden, so viel stand fest. Doch Melanie hatte keine andere Wahl.

Am nächsten Morgen fand Melanie Vince Jones auf der Trainingsbahn von Keeneland. In einen Anorak gehüllt, beobachtete der Trainer die Morgenarbeit. Der Himmel war wolkenverhangen, und ein leichter Nebel lag in der Luft. Als Melanie auf ihn zuging, zitterte sie, doch das lag wohl mehr an ihrer Nervosität als an der kühlen Herbstluft.

Ihre Schritte knirschten auf dem Kiesweg. „Was willst du denn?", knurrte Vince, und Melanie blieb wie angewurzelt stehen. Er hatte nicht mal den Kopf gedreht. Woher wusste er, dass sie es war?

„Ich war gestern Abend bei Fredericka Graber. Sie meinte, ich solle mit Ihnen reden." Melanie schob die Hände in ihre Jackentaschen. Ein Pferd galoppierte vorbei, dass die

Sandklumpen durch die Luft flogen, und Vince kritzelte etwas auf sein Klemmbrett.

Als er nicht antwortete, fuhr Melanie fort. Schließlich hatte sie nichts zu verlieren.

„Ich ... ich wollte Sie noch einmal fragen, ob ich nicht doch mit Image arbeiten darf", sagte sie zögernd. Die ganze Nacht über hatte sie sich zurechtgelegt, was sie zu Vince sagen wollte. Sie hatte sich vorgenommen, nicht zu vorwurfsvoll zu klingen. „Ich vermisse sie so, und ich glaube, sie vermisst mich auch."

Vince legte den Kopf schief und zog eine buschige Augenbraue hoch. „Wie kommst du darauf?"

„Wie ich ..." Melanie dachte nach. Er sollte nicht wissen, dass sie die Stute besucht hatte. „Na ja, wir hatten eine sehr enge Bindung, bevor Sie sie auf die Rennbahn geholt haben, und da dachte ich einfach mir, dass sie mich vermisst."

Vince schnaubte abfällig und wandte seine Aufmerksamkeit wieder seinen Notizen zu. „Du hörst dich schon an wie deine Cousine Christina, wenn sie über Stern redet. Nicht viele Leute in unserer Branche würden sich die Mühe machen, ein halbtotes Pferd gesund zu pflegen, wenn sie wissen, dass es nie wieder ein Rennen laufen wird."

„Christina würde Stern niemals aufgeben", erklärte Melanie. „Sie liebt Stern. Genau wie ich ..." Schnell stoppte sie sich, bevor sie lauter wurde. Vince würde ihr nicht zuhören, wenn sie anfing, mit ihm zu streiten.

„Ich meine, da bin ich Christina sehr ähnlich. Image ist etwas ganz Besonderes für mich", begann Melanie noch einmal. „Ich hätte so gern eine zweite Chance, mit ihr zu arbeiten – und mit Ihnen", fügte sie hinzu. „Ich verspreche, dass ich mich an Ihre Regeln halte."

Vince lachte lauthals. „Du? An Regeln halten? Das wäre ja mal was Neues.“

Melanie lächelte schwach. Sie hätte wissen müssen, dass Vince sie abblitzen lassen würde. „Vielen Dank fürs Zuhören.“ Mit gesenktem Blick wandte sie sich zum Gehen um.

„Du müsstest ganz unten anfangen.“

Melanie blieb wie angewurzelt stehen. „Wie bitte?“

„Als Pflegerin. Ich nehme dich nur als Pflegerin.“

Melanies Herz machte einen Sprung.

„Ich weiß, dass du zur Schule gehst“, fuhr Vince fort, „aber ich erwarte, dass du jede freie Minute hier verbringst.“ Sein Blick war hart und herausfordernd, während er auf ihre Antwort wartete. Melanie war vollkommen klar, was er meinte: Wenn sie mit Image arbeiten wollte, musste sie alles andere dafür aufgeben.

Seit sie nach Kentucky gekommen war, arbeitete sie darauf hin, eine erfolgreiche Profi-Rennreiterin zu werden. Um ihren Lehrlingsstatus zu verlieren, musste sie so viele verschiedene Pferde für so viele verschiedene Trainer wie möglich reiten. Doch jetzt zögerte sie keine Sekunde. Ja, sie wollte gern als Pflegerin für Vince arbeiten.

Nichts war wichtiger als Image.

Kapitel 2

„Du hast was?“, rief Christina Reese aus. Sie kniete im Stroh, wo sie gerade Wunders Sterns Beine eingerieben hatte, damit sie nicht anschwollen.

„Ich habe Vince Jones gesagt, ich würde für ihn als Pflegerin arbeiten“, wiederholte Melanie. Nachdem Kevin sie auf Whitebrook abgesetzt hatte, war sie direkt zu Sterns Box gegangen, denn sie wusste, dass sie hier ihre Cousine finden würde.

Christina stand langsam auf und starrte sie ungläubig an. „Mel, ich weiß ja, wie sehr du an Image hängst, aber ist dir klar, was Vince da von dir verlangt?“

„Natürlich“, entgegnete Melanie ungeduldig. „Er verlangt, dass ich ganz unten anfange, dass ich Boxen ausmiste, Pferde trockenführe, Sattelzeug putze ...“

„Aber das heißt, dass du keine Zeit mehr haben wirst, auf Whitebrook oder auf der Rennbahn im Training zu reiten“, unterbrach Christina sie. „Und du wirst keine Rennen mehr reiten können.“

Melanie schlug sich mit der flachen Hand an die Stirn. „Ach so, daran hatte ich ja gar nicht gedacht“, witzelte sie.

Christina schüttelte kurz den Kopf. „Na gut. Es ist dein Leben.“ Sie drehte sich um, schraubte die Flasche zu und stellte sie zurück in ihren Putzkasten.

Melanie furchte die Stirn und lehnte sich gegen den Türrahmen der Box. „Und ich habe gedacht, dass du mich verstehst." Sie zeigte auf Stern. Der zweijährige Hengst sah schlimmer aus als Image. Er hatte eine unbekannte Virusinfektion gehabt und war so abgemagert, dass seine Rippen hervorstanden. „Du machst seit zwei Wochen nichts anderes, als Stern zu pflegen."

„Das stimmt nicht. Ich reite auch in der Morgenarbeit", verteidigte sich Christina.

„Aber du bist kein Rennen mehr geritten, und du hast die Chance sausen lassen, für Vince Gratis in Belmont zu reiten. Und das in einem Rennen, das dich aufs Titelblatt jeder Galoppzeitschrift hätte bringen können", fuhr Melanie fort. „Gib es doch ruhig zu – du hast sehr viel geopfert, um bei Stern sein zu können. Verstehst du denn nicht, warum ich das Gleiche für Image tun will?"

Christina streichelte Sterns Hals. Sein einst glänzendes, fuchsfarbenes Fell war jetzt ein stumpfes, schmutziges Braun, und seine Muskeln waren so schwach, dass seine Hinterbeine bei jedem Schritt zitterten. Heute früh hatte der Tierarzt, Dr. Stevens, ihnen versichert, dass das Schlimmste überstanden sei, doch ob der Hengst wieder vollständig gesund werden würde, konnte auch er nicht vorhersagen.

„Das ist etwas anderes, Melanie", sagte sie schließlich. „Stern ist mein Pferd. Image gehört dir nicht."

Melanie fühlte sich, als hätte sie einen Schlag ins Gesicht bekommen. Sie öffnete den Mund für eine scharfe Erwiderung, doch es kam nichts heraus. Christina hatte recht. Melanie hatte keinen Einfluss darauf, was mit Image geschah. Und für sie als Jockey war es sowieso unsinnig, ihr Herz an ein Pferd zu hängen, das gar keine Rennen laufen konnte.

„Stell dir vor, du gibst alles für sie auf, und Fredericka verkauft sie am Ende doch. Was dann?“, fuhr Christina fort. „Oder Vince lässt sie dich nicht reiten. Vergiss nicht, er stellt dich als Pflegerin an – nicht als Jockey.“ Christina sah Melanie prüfend an. „Und geht es dir nicht immer schon darum? Image eines Tages im Rennen zu reiten?“

„Ja, schon“, erwiderte Melanie. „Aber ich werde ja nicht lange Pflegerin sein – nur bis Vince merkt, dass ich die Richtige bin, um Image zu trainieren und zu reiten. Im Moment will ich erst mal dafür sorgen, dass sie die Pflege und Zuwendung bekommt, die sie braucht. Du solltest sie mal sehen, Chris. Sie ist dürr und ungepflegt. Wenn ich nichts unternehme, ist sie bald ruiniert, und es wird nie ein Rennpferd aus ihr werden.“

„Aber Mel, was wenn ...“

Melanie hob die Hand. „Ich weiß, was du sagen willst: Was, wenn ich mit Image arbeite, und sie trotzdem zu wild ist, um Rennen zu laufen? Ich weiß es nicht, aber ich finde, sie verdient eine faire Chance. Und wenn ich es nicht schaffe“, sie grinste schief, „dann werde ich sie immer noch lieben, genau wie du Stern.“

Christina grinste zurück. „Du bist ein noch hoffnungsloserer Fall als ich, Mel“, sagte sie kopfschüttelnd.

„Das geht doch gar nicht!“, entgegnete Melanie lachend.

„Und wann fängst du als Vinces Pflegerin an?“, fragte Christina.

„Gleich morgen früh.“

„Brauchst du ein paar Tipps?“ Christina verbiss sich ein Kichern, als sie den Putzkasten hochhielt. „Es ist ein Weilchen her, dass du den Rücken krumm gemacht hast, um Hufe auszukratzen und Boxen auszumisten.“

„Das stimmt ja wohl überhaupt nicht! Ich habe Image jeden Tag geputzt", gab Melanie empört zurück, obwohl sie wusste, dass ihre Cousine nur Spaß machte. „Aber ein Problem habe ich – wie soll ich deiner Mutter beibringen, dass ich die nächsten Wochen nicht im Training reiten kann?"

„Mom arbeitet doch gerade mit den Jährlingen, die Pläne für die Morgenarbeit macht Cindy. Mit ihr musst du das besprechen. Sie und Ian sind noch im Büro, glaube ich. Warte, ich komme mit." Christina zog eine Möhre aus der Tasche und hielt sie Stern hin. Der Hengst spitzte die Ohren, doch dann drehte er den Kopf weg.

„Ach, Stern", sagte Christina, und ihre Stimme klang so traurig, dass Melanie ihrer Cousine den Arm um die Schultern legte.

„Er wird wieder gesund, Chris", sagte sie. „Du musst nur Geduld haben."

Christina nickte. „Ich weiß. Ich finde es nur so furchtbar, ihn so zu sehen. Er kommt mir vor wie ein völlig anderes Pferd."

„Ich weiß, was du meinst." Melanie dachte daran, wie sehr sich Image seit dem Sommer verändert hatte. „Glaub mir, das weiß ich genau."

Melanie half Christina, Stern einzudecken und seine Beine zu bandagieren. Anschließend gingen sie zum Büro im Trainingsstall von Whitebrook. Die Tierärzte hatten das Virus, mit dem sich Stern in Belmont angesteckt hatte, zwar nicht bestimmen können, doch die Krankheit wurde als tödlich eingestuft. Also durfte Stern keinen Kontakt zu anderen Pferden haben und stand in einem eigenen Quarantäne-Bereich.

Schweigend gingen die Cousinen über den Hof, jede in ihre eigenen Gedanken versunken. Die Herbstluft war kühl, und Melanie schlang die Arme um sich, um sich zu wärmen.

Verglichen mit anderen Vollblutgestüten in Kentucky war Whitebrook nicht besonders groß. Doch die drei Ställe, die Trainingsbahn und die weitläufigen Weiden waren wunderschön gepflegt. Christinas Eltern, Aileen Griffen und Mike Reese, und auch alle Angestellten des Gestüts arbeiteten mit Feuereifer, damit Whitebrook seinem Ruf als erstklassiger Zucht- und Trainingsbetrieb gerecht wurde.

Melanie lebte seit vier Jahren auf Whitebrook, doch sie würde sich an dem Gestüt niemals sattsehen. Besonders schön fand sie es zu dieser Tageszeit, nach der Morgenarbeit, wenn alles so friedlich war.

Als sich die beiden Mädchen dem Trainingsstall näherten, zerriss eine energische Stimme die Stille. „Nein, du darfst keinen Termin für mich machen. Ich lasse mich nicht operieren." Die Stimme kam eindeutig aus dem geöffneten Fenster des Stallbüros.

Melanie warf Christina einen Blick zu.

Ihre Cousine legte den Finger an die Lippen. „Cindy", flüsterte Christina. Cindy McLean war die Adoptivtochter von Kevins Eltern – von Ian McLean, dem Cheftrainer des Gestüts, und seiner Frau Beth. Cindy war ebenfalls Rennreiterin, und schon lange Profi. Doch vor einigen Wochen war sie nach Hause gekommen. Der Arzt der Belmont-Rennbahn hatte sie krankgeschrieben, und das hieß, dass sie vorerst keine Rennen reiten durfte.

„Meinst du etwa, die Schulter heilt von allein?", entgegnete Ian seiner Tochter in einem entnervten Ton.

„Nein. Aber Dr. Singh hat gesagt, nach einer Operation dauert es womöglich einen Monat, bis ich den Arm wieder benutzen kann. Und bis ich wieder reiten kann, sogar ein Jahr", fuhr Cindy fort und ihre Stimme wurde lauter. „Jetzt bin ich wenigstens in der Lage, ihn zu benutzen, und wenn ich mich noch ein paar Wochen schone, kann ich vielleicht wieder im Training reiten ..."

„Cindy, du machst dir etwas vor", unterbrach Ian sie. „Eine gerissene Muskel-Sehnen-Kappe wird nicht besser ohne Operation. Du hast seit Jahren mit der Schulter Probleme. Es wird Zeit, dass du etwas unternimmst."

„Aber Dad, ein ganzer Monat! Was soll ich denn in der Zeit mit mir anfangen?" Cindy klang, als sei sie den Tränen nahe. „Und was ist, wenn ich nie wieder so gut reiten kann? Rennreiten ist doch mein Leben!"

Statt die Zeit auf Whitebrook als wohlverdiente Ferien von der Rennbahn zu genießen, war Cindy zuerst bloß frustriert und unglücklich gewesen. Dann war sie in die Arbeit auf dem Gestüt mit einbezogen worden, und ihre Laune hatte sich leicht gebessert. Sie hielt Wache beim kranken Stern, wenn Christina in der Schule war, und sie hatte die Aufsicht über die Morgenarbeit übernommen. Aber wenn man es seit Jahren gewohnt war, nur die besten Vollblüter auf den größten Rennbahnen der Welt zu reiten, war es vielleicht nur natürlich, dass man die Arbeit auf Whitebrook als Abstieg empfand. Melanie konnte Cindys Frust verstehen.

„Ich weiß, das wird nicht leicht", sagte Ian. „Aber deine Mom und ich werden dich unterstützen, das weißt du doch. So, wie wir dich bisher bei allem unterstützt haben."

Cindy stöhnte und sagte etwas, das Melanie nicht verstand.

Melanie warf Christina einen schuldbewussten Blick zu. Sie schämte sich, die beiden belauscht zu haben, doch sie musste ja mit Cindy reden. Christina sah genauso verunsichert aus. Sie standen in der offenen Tür zum Trainingsstall und hofften, dass niemand sie sah.

Dann hatte Melanie eine Idee. Sie stemmte sich gegen die schwere Stalltür und schob sie halb zu. Dabei machte sie möglichst viel Lärm. Christina verdrehte die Augen und unterdrückte ein Kichern.

„Hey, Cindy! Bist du noch da?“, rief Melanie die Stallgasse hinunter. Mehrere Pferde wieherten ungeduldig. Sie hofften wohl, dass bereits Fütterungszeit war.

„Im Büro!“, rief Ian zurück.

„Wir tun so, als hätten wir nichts gehört“, flüsterte Melanie Christina zu, während sie die Stallgasse hinuntergingen. Als Melanie und Christina ins Büro traten, blätterten Vater und Tochter geschäftig in einem Rennprogramm fürs kommende Wochenende. Ian hockte auf der Schreibtischkante, Cindy saß im Drehstuhl.

„Hallo!“, grüßte Melanie ein wenig zu laut. „Gut, dass du noch da bist, Cindy. Ich wollte dir sagen, dass ich für eine Weile nicht in der Morgenarbeit reiten kann.“

Cindy hatte kurzes blondes Haar, und ihre Haut war braun gebrannt. Sie sah mit der alten Jeans, dem Whitebrook-T-Shirt und den Turnschuhe fast wie ein Teenager aus, doch ihr Gesicht war von Sorgenfalten durchzogen. Einen Augenblick lang starrte sie Melanie an, als wüsste sie nicht, wovon das jüngere Mädchen sprach.

„Ach ja, die Morgenarbeit“, sagte sie schließlich. „Das ist kein Problem. Nathan, Naomis Bruder, ist aus Florida zurück. Er kann für dich einspringen. Christina, dann galoppierst du die Pferde, die fürs Rennen vorbereitet werden, und Dani kann die Pferde übernehmen, die nur ein leichtes Training brauchen."

„Dani reitet in der Arbeit?", fragte Christina. Dani war eigentlich Pferdepflegerin auf Whitebrook.

„Sie hat sich als Begleitreiterin so gut angestellt, da haben wir sie in letzter Zeit ein paar Pferde traben lassen, die gerade eine Ruhepause hinter sich haben", erklärte Cindy.

„Wir brauchten jemanden", fügte Ian hinzu. „Christina, du bist damit beschäftigt, Stern gesund zu pflegen, Kevin kann wegen seines Knies nicht reiten, und Melanie, du bist ständig mit Image zugange."

Cindy sah Melanie an. „Ist das der Grund, warum du nicht mehr für uns reitest?"

„Ja. Vince möchte, dass ich ihm morgens aushelfe."

„Das ist ja toll", sagte Cindy fast neidisch. „Letzten Winter bin ich in Florida ein paar Pferde für Vince im Rennen geritten. Von ihm kannst du eine Menge lernen."

Christina warf Melanie einen Blick von der Seite zu. Melanie zuckte die Achseln. Offenbar glaubte Cindy, dass sie für Vince ritt und nicht nur Stallmädchen und Pflegerin war, aber dafür konnte Melanie ja nichts.

„Außerdem", dachte Melanie aufgeregt, „wird Vince bestimmt bald merken, dass ich genau die Richtige für Image bin – erst als Pflegerin und irgendwann auch als Jockey."

„So, als Erstes kannst du gleich mal die hier in die Wäscherei bringen." Es war Donnerstagmorgen, halb sechs. Julio, Vinces Stallmeister, zeigte auf einen großen Haufen dreckiger Pferdedecken, der in der Sattelkammer in der Ecke lag.

„Aber ich habe Image noch gar nicht guten Morgen gesagt!“, protestierte Melanie.

Julio schnaubte. „Für solche Mätzchen haben wir keine Zeit. Du bist kein Jockey mehr.“

„Was soll das heißen?“, erwiderte Melanie.

„Dass du zu tun hast, was ich sage.“ Er hob die Decken vom Boden auf und drückte sie ihr in die Arme. Sie waren so schwer, dass Melanie in die Knie ging.

„Wo ist die Wäscherei?“

„Das kriegst du schon raus“, rief Julio über die Schulter zurück, als er schon halb aus der Tür war.

Melanie rümpfte die Nase. Die Decken waren feucht von Urin und Mist. Doch sie biss die Zähne zusammen. Sie hatte vorher gewusst, dass die Stallarbeiter es ihr nicht leicht machen würden. Nicht nur, dass sie die Neue war, sie war vor allem auch ein Jockey. Manche Rennreiter behandelten das Stallpersonal wie Dreck, und das erzeugte natürlich nicht viel Gegenliebe. Doch sie war hart im Nehmen. Einige der erfahreneren Jockeys machten sich regelmäßig einen Spaß daraus, die Jockeylehrlinge zu schikanieren, also war Melanie einiges gewohnt.

„Meinetwegen mache ich die Wäsche“, murmelte sie. „Aber zuerst gehe ich zu Image!“

Mit den Decken im Arm wankte sie die überdachte Gasse vor den Boxen hinunter. Pferde scheuten, und ein Mann motzte sie an, Platz zu machen. Melanie beachtete ihn nicht und ließ die Decken neben Images Box fallen. Sie spähte durch den Maschendraht. Image stand in der hinteren Ecke der Box und hatte Melanie das Hinterteil zugewandt.

„Hallo, Prinzessin“, gurrte Melanie. „Ich bin’s. Ich bin da, wie versprochen. Wie wär’s mit einer Dusche?“

„Graham!“

Melanie drehte sich um. Wer brüllte da ihren Namen? S.J., einer der anderen Arbeiter, schob eine große Schubkarre auf sie zu. Hinter den Ställen ging gerade erst die Sonne auf, und die Nachtbeleuchtung brannte noch, doch auf der Rennbahn herrschte schon reges Treiben.

S.J. stellte die Schubkarre vor ihr ab. „Du hast Boxen eins bis zehn.“

S.J. war in Melanies Alter, aber er hatte die Schule geschmissen, um zu arbeiten und Geld zu verdienen. Er trug die Baseballkappe auf seinen langen, zottigen Haaren mit dem Schirm nach hinten.

„Grinsend hielt er eine Mistgabel hoch. „Du kannst den Mist einfach in die Container dort hinten kippen.“ Er zeigte zum Ende des Stalls. „Die werden später mit dem Kipper abgeholt.“

Melanie blickte zum Ende des Stalls und dann wieder zurück zu Schubkarre und Mistgabel. Sie stöhnte. Es würde ewig dauern, zehn Boxen auszumisten. „Gut, aber erst muss ich die Decken in die ...“, begann sie zu erklären, doch S.J. schritt bereits über die Zufahrt zur nächsten Boxenreihe. Dabei pfiff er fröhlich vor sich hin, als gäbe es nichts Schöneres, als mal eben zehn Boxen auszumisten.

Melanie atmete laut aus. Als sie sich umdrehte, hatte Image den Kopf immer noch in der Ecke der Box. Melanie öffnete den Riegel und ging zu ihr hinein. Die Stute hatte ihr Futter nicht angerührt. Melanie griff eine Handvoll aus dem Eimer und hob sie an ihre Nase. Es roch komisch. Bestimmt hatte Vince das beruhigende Mittel unters Futter gemischt.

„Das würde ich auch nicht fressen“, murmelte Melanie.

Ruhig ging sie zu Images Kopf und kraulte sie unter der Mähne. Das Pferd legte die Ohren an und wich zurück. Melanie ließ die Hand sinken. Es war so traurig, wie mürrisch sich Image benahm. Als würde sie Melanie nicht einmal mehr kennen. „Ich muss Vince dazu bringen, dass er mich wieder mit dir arbeiten lässt“, sagte sie entschlossen. „Bevor es zu spät ist.“

Dann erinnerte sich Melanie daran, was sie Vince versprochen hatte – sie musste sich an seine Regeln halten. Sie seufzte frustriert und umarmte Image, ohne sich von ihrer biestigen Miene beeindrucken zu lassen. Sie würde einfach besonders hart arbeiten müssen, damit sie ihre Aufgaben schnell erledigt bekam und mehr Zeit für Image hatte. Die Stute brauchte sie. Melanie würde sie nicht im Stich lassen.

Kapitel 3

In der Wäscherei herrschte großer Andrang. Leute wuschen und trockneten Putzlappen, Handtücher, Bandagen und Decken. Melanie ließ ihren Stapel Wäsche auf einen großen Tisch fallen. Während sie die muffigen Decken in eine der riesigen Trommeln stopfte, hörte sie ein Gespräch mit.

„Hey, ich hab einen Supertipp für dich", sagte ein junges Mädchen zu seiner Freundin. Das stämmige Mädchen trug ein gelbes Polohemd mit dem Namen des Gestüts, für das es arbeitete, auf der Brusttasche. Melanie warf einen Blick über die Schulter und versuchte, den Namen zu entziffern, doch das Mädchen war zu weit weg. „Setz deinen Lohnscheck von dieser Woche auf Celtic Mist auf Sieg. Er läuft am Samstag in den Blue Blood Stakes."

Melanie spitzte die Ohren. Celtic Mist war das neue Pferd von Brad Townsend. Es war erst vor einer Woche aus Kalifornien gekommen, und Melanie war überrascht, dass Brad den Zweijährigen so schnell an den Start schickte.

„Ja, ich hab schon von seiner fantastischen Zeit im Training heute Morgen gehört", sagte das andere Mädchen. Es war größer und trug das gleiche gelbe Hemd. „Was ist mit dem anderen Townsend-Hengst passiert, Wunders Stern?"

„Er ist von der Bildfläche verschwunden. Ich hab gehört, er hat irgendeine schreckliche Krankheit." Das kleinere

Mädchen zuckte die Achseln und hob einen Stapel frisch aufgewickelter Bandagen auf. „Wenn du mich fragst, dieser Christina Reese geschieht das ganz recht. So wie die ständig mit ihrem ach so tollen Pferd angegeben hat. Überall hat sie herumgetönt, es wäre der nächste Derby-Sieger."

Melanies Wangen fingen an zu glühen. Sie schnellte herum. „Wenn ihr schon keine Ahnung habt, solltet ihr vielleicht das Maul nicht so weit aufreißen!"

Einen Moment lang sahen die beiden sie nur verdutzt an. Dann stemmte die Größere eine Hand in die Hüfte und sah Melanie von oben herab an. „Was geht dich das an?", wollte sie wissen.

„Christina ist keine Angeberin. Und Stern war vielleicht krank, aber es geht ihm schon wieder besser. Das Derby kann er immer noch gewinnen."

„Was hast du überhaupt damit zu tun? Bist du die Jockeydienerin von der Reese oder so was?"

„Nein, ich bin ihre Cousine – und ich bin keine Jockeydienerin, ich bin selbst Jockey."

Das kleinere Mädchen musterte Melanie von oben bis unten und sagte dann: „Na klar, du bist Jockey. Darum machst du auch mit uns hier die Wäsche."

Bei den Worten kicherte das größere Mädchen hämisch. Dann nahmen die beiden ihren Stapel mit sauberen Handtüchern und verließen immer noch lachend die Wäscherei.

„Sollen die doch denken, was sie wollen", brummte Melanie und machte ihre Waschmaschine voll. Rennbahngetratsche konnte ziemlich fiese Formen annehmen, und jede Kleinigkeit verbreitete sich wie ein Lauffeuer. Wer auf der Rennbahn arbeiten wollte, musste sich eine dicke Haut zulegen.

Nachdem sie Waschgang und Temperatur eingestellt hatte, eilte sie zum Stall zurück, um mit dem Ausmisten anzufangen. Als sie ankam, gingen gerade Billy und Marianne, zwei von Vinces Pflegern, zu Images Box. Marianne trug einen Sattel über dem Arm. Billy hatte eine Nasenbremse in der Hand. Eine Nasenbremse war ein Gerät zum Ruhigstellen von Pferden. Sie bestand aus einem Holz- oder Metallgriff mit einer Seilschlaufe. Die Schlaufe wurde um die Oberlippe des Pferdes gelegt und angezogen. Durch diesen Schmerzreiz abgelenkt, sollte das Pferd seine Widerwehr aufgeben und stillstehen.

Es sah ganz so aus, als wollten sie die Nasenbremse benutzen, um Image zu satteln. Melanie konnte es nicht fassen. Und sie konnte nicht einfach danebenstehen und das zulassen.

Entrüstet stürmte sie in die Box. Image drückte sich in eine Ecke, und Marianne hielt den Führstrick, der in ihr Halfter gehakt war. Die Stute hatte den Kopf hochgerissen und rollte die Augen, als Billy mit der Nasenbremse auf sie zuging.

„Was macht ihr da?“, wollte Melanie wissen.

„Das bekloppte Pferd hier satteln“, antwortete der Pfleger, der mit dem Rücken zu Melanie stand.

„Mit einer Nasenbremse? Aber das ist brutal – und außerdem völlig unnötig!“

„Und ob das nötig ist – wir sind doch nicht lebensmüde“, entgegnete Marianne, ohne Image aus den Augen zu lassen.

Die Stute saß fast auf der Hinterhand, als würde sie jeden Moment nach vorn schnellen. Sie zitterte am ganzen Leib und hatte die Ohren flach an den Kopf gelegt.

Melanie stürzte nach vorn und legte die Hand auf Billys

Arm. „Bitte, mach ihr nicht die Nasenbremse drauf. Ich sattele sie. Ich habe sie schon oft gesattelt."

Billy ließ die Arme sinken und sah sie zweifelnd an.

„Dann lass sie doch", sagte Marianne. Sie trat von Image weg und gab Melanie den Führstrick.

Billy zuckte mit den Schultern und wies mit einem Kopfnicken auf den alten Arbeitssattel, der an der Wand lehnte. „Sie gehört dir." Der Pfleger verlor keine Zeit und ging weg. Anscheinend war er erleichtert, sich nicht mit Image abgeben zu müssen.

„Das mit der Nasenbremse machen wir auch nicht gern. Wir wollten uns nur schützen", sagte Marianne entschuldigend. „Gestern hat sie Julio getreten und ihm fast den Arm abgerissen. Vince ist ausgerastet. Er hat gesagt, wir müssten sie heute satteln, egal wie. Heute Morgen haben alle Pfleger Streichhölzer gezogen, um auszulosen, wer sie fertig machen muss. Billy und ich haben verloren."

„Verstehe." Melanies Herz klopfte immer noch vor Aufregung. „Aber ich glaube, ich kann das schaffen, wenn du mich eine Weile mit ihr allein lässt", sagte sie ruhig.

Marianne nickte und verließ die Box.

Melanie presste die Lippen zusammen, um nicht zu weinen, und atmete tief durch. Offensichtlich mochte keiner der Pfleger etwas mit Image zu tun haben. Wenn sie beweisen konnte, dass sie mit der Stute zurechtkam, würden die anderen ihr die Arbeit dankbar überlassen.

Mit ausgestreckter Hand ging Melanie langsam auf Images Kopf zu. Dann zögerte sie. Sie rechnete zwar nicht damit, dass die Stute zur halboffenen Tür hinausstürzen würde, doch man konnte nie wissen. Image war schon immer eine Ausreißerin gewesen, und hatte sie einmal sogar über die Weide geschleift. Doch wenn sie die Tür schloss und Image in Panik geriet, hätte sie sich selbst den einzigen Fluchtweg versperrt und konnte niedergetrampelt werden.

Melanie fing sich wieder. Was dachte sie da eigentlich? Das war das Pferd, das sie liebte, kein wild gewordenes Monster.

Image hatte ein Ohr zu ihr gedreht, als fragte sie sich, was Melanie wohl vorhatte, doch als Melanie einen Schritt nach vorn machte, legte Image wieder drohend beide Ohren an. Melanie blieb stehen. Image war nicht mehr dasselbe Pferd, das sie so geliebt hatte. Sie hatte das Vertrauen der Stute verloren – das Vertrauen, an dem sie so lang gearbeitet hatte. Image schien nicht einmal mehr zu wissen, wer Melanie war.

Eine bekannte Stimme von draußen lenkte Melanies Blick zur Boxentür. Es war Brad Townsend. Der hatte ihr jetzt gerade noch gefehlt!

Melanie zog die untere Tür zu und griff nach dem Fenster, doch es war schon zu spät. Brad hatte sie entdeckt. Als Melanie sah, dass Fredericka bei ihm war, beschleunigte sich ihr Puls.

Versuchte Brad wieder, Fredericka zu überreden, dass sie ihm Image verkaufte? Image war die Tochter von Townsend Mistress, die einst Brad gehört hatte. Als Mistress ihr erstes Fohlen verloren hatte, war sie für Brad nichts mehr wert gewesen. Er hatte gedacht, sie tauge nichts als Zuchtstute, und hatte sie für viel Geld an die Grabers verkauft. Kevin hatte Melanie die Geschichte erzählt – auch, wie Brad mit dem Geschäft geprahlt hatte. Doch dann hatte Mistress nacheinander vier wunderschöne Fohlen zur Welt gebracht, so dass am Ende die Grabers als Gewinner dastanden. Nun hatte Brad ein Auge auf Image geworfen. Er wollte sie als Zuchtstute haben, damit er die Townsend-Mistress-Linie weiterzüchten konnte. Und Melanie wusste, wenn Brad Townsend etwas wollte, dann setzte er alle Hebel in Bewegung, um es zu bekommen.

„Melanie? Was tust du denn hier?“, fragte Brad in seinem üblichen herrischen Tonfall. Er trug eine Stoffhose mit Bügelfalten und ein Sakko. Sogar auf der Rennbahn war er angezogen wie für eine schicke Cocktail-Party.

„Arbeiten“, antwortete Melanie. Jetzt erst bemerkte sie Alexis, Fredericka Gestütsleiterin, die schräg hinter Brad stand. Mit zusammengekniffenen Augen sah sie Alexis an. Sie hatte die junge Frau nicht mehr gesehen, seit Vince Image auf die Rennbahn geholt hatte. Melanie konnte es nicht beweisen, doch sie war überzeugt, dass Alexis etwas mit Images überstürztem Verschwinden von Tall Oaks zu tun hatte. Alexis hatte nie zu verbergen versucht, dass sie die freche Stute nicht leiden konnte. Was machte sie jetzt im Schlepptau von Brad auf der Rennbahn?

Fredericka lächelte. „Herzlichen Glückwunsch zu deinem neuen Job, Liebes!“

Brad runzelte irritiert die Stirn. „Was soll das heißen: neuer Job?“

Da Brad das nichts anging, verzichtete Melanie auf eine Antwort.

„Sie arbeitet jetzt für Vince Jones“, erklärte Fredericka. „So kann sie sich weiter um Image kümmern. Wie geht es denn meiner Kleinen, Melanie?“

„Nicht gut.“ Melanie trat zur Seite. Sie wollte Fredericka erzählen, dass die anderen Pfleger schon die Nasenbremse nehmen wollten, doch sie schwieg. Vince war jetzt ihr Chef.

Wenn er erfuhr, dass sie mit jeder Beschwerde gleich zu Fredericka rannte, würde er sie auf der Stelle feuern.

„Hallo, meine Süße", säuselte Fredericka. Als Image Fredericka Stimme hörte, schwang sie den Kopf herum. „Ich habe dir was mitgebracht, Prinzessin." Fredericka hielt ihr eine Möhre hin.

Image spitzte die Ohren, doch dann wandte sie sich wieder ab und versteckte den Kopf in der dunklen Ecke.

Fredericka lächelte nicht mehr. „Du hast recht, Melanie. Es geht ihr nicht gut. Ich bin froh, dass Vince dich eingestellt hat – so kannst du ein Auge auf sie haben."

„Vince hat Melanie eingestellt, um Image zu trainieren?", fragte Brad entgeistert. Er verschränkte die Arme vor der Brust und blickte von Melanie zu Fredericka, als verlange er sofort eine Erklärung.

„Nein. Als Pflegerin", sagte Melanie. „Aber ich möchte auch mit Image arbeiten, wenn Mr. Jones mich lässt."

Brad schüttelte den Kopf. „Das ist doch verrückt. Ich spreche lieber mal mit Vince. Jemand muss ihm sagen, dass er nur seine Zeit verschwendet." Er zeigte mit dem Finger auf Image. „Dieses Pferd ist viel zu verwöhnt, um je ein Rennpferd zu werden, Fredericka. Die Stute bringt es einfach nicht."

„Da muss ich Mr. Townsend zustimmen", schaltete sich Alexis ein. „Ich weiß, wie Sie an Image hängen, Fredericka. Sehen Sie denn nicht, wie unglücklich sie hier ist?" Alexis machte ein mitfühlendes Gesicht und legte Fredericka die Hand auf den Arm. Melanie lief es kalt den Rücken runter. Alexis scherte sich doch überhaupt nicht um Image – das war alles nur gespielt!

„Hören Sie auf Alexis, Fredericka", drängte Brad. „Wie

viel Geld wollen Sie denn noch für diese Stute zum Fenster rauswerfen, bevor Sie merken, dass es ihr viel besser ginge, wenn sie auf Townsend Acres Gras fressen und ihre Fohlen großziehen könnte."

Ein gequälter Ausdruck huschte über Fredrickas Gesicht. Melanie wusste, dass Geld für Fredericka ein großes Thema war. Die ältere Frau setzte sich unermüdlich dafür ein, Tall Oaks zu einer erfolgreichen Vollblutzucht zu machen. Mehrmals hatte sie angedeutet, dass der Unterhalt des Gestüts teurer war, als sie erwartet hatte. Nur aus diesem Grund erwog sie überhaupt, Image an Brad zu verkaufen.

Fredericka fasste sich wieder und wandte sich an die beiden. „Brad, Sie sind mir seit vielen Jahren ein treuer Freund. Alexis, du bist eine wunderbare Gestütsleiterin und du hast mir mein bestes Pferd im Stall vermittelt – Gratis. Für diese Unterstützung bin ich dankbar, doch ich entscheide selbst, was das Beste für Image ist."

Brad nickte höflich, und Alexis lächelte, als würde sie Fredericka recht geben, doch Melanie entging nicht, wie Brad den Mund zusammenkniff und wie Alexis' rechtes Auge zuckte. Dass Fredericka nicht auf sie hörte, wurmte beide offensichtlich sehr.

„Ich gebe Image noch eine Woche bei Vince auf der Rennbahn", fuhr Fredericka fort. „Wenn sich bis dahin keine Besserung zeigt, Brad, dann werde ich mir Ihr Angebot noch einmal durch den Kopf gehen lassen."

Melanie konnte sich nicht beherrschen. „Eine Woche!", rief sie aus. Jetzt war sie diejenige, die entgeistert dreinblickte. Eine Woche würde niemals ausreichen, um Images Vertrauen wiederzugewinnen und irgendeinen Fortschritt in ihrem Training zu erreichen. „Aber das ist nicht ..."

Fredericka warf ihr einen warnenden Blick zu, und Melanie verstummte. Aus den Augenwinkeln sah sie Alexis siegessicher grinsen.

Brad nickte. „Das hört sich doch vernünftig an", meinte er. Er klang jetzt fast wieder fröhlich. „So, mein neuer Champion wartet, Celtic Mist." Er sprach den Namen mit Nachdruck aus, als wollte cr sicherstellen, dass Melanie, Alexis und Fredericka auch genau wussten, über welches Pferd er redete. „Die Reporter verfolgen sein Training mit großem Interesse. Möchten Sie mich begleiten, Fredericka?"

„Nein, gehen Sie nur, Brad. Ich muss noch mit Vince über Gratis sprechen."

„Ich würde ihn mir furchtbar gern ansehen, Mr. Townsend", sagte Alexis mit süßlicher Stimme.

„Mr. Townsend", dachte Melanie verächtlich. Es war kaum zu ertragen, wie sich Alexis bei ihm einschleimte. Die Gestütsleiterin verhielt sich doch nicht ohne Hintergedanken so. Als Melanie und Kevin auf Tall Oaks mit Image gearbeitet hatten, hatte Alexis jeden ihrer Schritte mit Adleraugen überwacht. Melanie hatte sich in ihrer Gegenwart stets unwohl gefühlt. Sie war sicher, dass sich Alexis im Grunde nur für sich selbst interessierte. Doch Fredericka hielt große Stücke auf sie, und bis Alexis etwas tat, das sie verriet, musste sich Melanie wohl mit ihr arrangieren.

Als Brad gegangen war, wandte sich Fredericka an Melanie. „Es tut mir leid, dass du das alles mit anhören musstest, Liebes."

„Ich bin froh darüber. Aber nur eine Woche, Fredericka?" Melanie legte besorgt die Stirn in Falten. „Was können wir in einer Woche schon erreichen?"

Fredericka seufzte. „Ich erwarte nicht allzu viel. Um diese Zeit im Jahr sind die meisten Zweijährigen schon mindestens ein Rennen gelaufen. Ich möchte Image wenigstens einmal auf der Bahn traben sehen.“

„Aber Fredericka, sie vertraut nicht einmal mehr mir, und keiner kennt sie besser. Sie hat Panik bekommen, als sie nur den Sattel gesehen hat. In einer Woche kann ich sie auf keinen Fall so weit bringen, dass sie sich auf der Bahn reiten lässt.“

„Es tut mir leid, aber mehr Zeit kann ich dir nicht geben. Wir sehen doch beide, wie schlecht es ihr hier geht. Es wäre Quälerei, sie noch länger hierzubehalten. Vielleicht haben Brad und Alexis ja recht, und ich habe sie so verwöhnt, dass sie kein Rennpferd mehr werden kann.“

„Na gut. Eine Woche. Ich werde versuchen, das Beste daraus zu machen“, sagte Melanie entschlossen. „Ich gebe nicht auf. Und das sollten Sie auch nicht. Wissen Sie noch, wie gut sie sich auf Tall Oaks gemacht hat? Und wie sie gegen Gratis gerannt ist, als sie ausgerissen ist? Er hat sich die Seele aus dem Leib gerannt, und sie ist einfach an ihm vorbeigefegt. Fredericka, sie könnte ganz oben mitspielen. Sie könnte die richtig großen Rennen gewinnen. Das weiß ich einfach.“

Fredericka lächelte wehmütig und tätschelte Melanies Arm. „Es ist schön, wie optimistisch du bist. Wenn die Dinge anders gelaufen wären, hätte sie vielleicht wirklich ein großes Rennpferd werden können. Doch jetzt kann ich dir und Image nur eine Woche geben. Wir müssen wohl auf ein Wunder hoffen.“ Sie drehte sich langsam um und ging über die Straße zum Stallbüro.

„Eine Woche. Das geht wirklich nur mit einem Wunder“,

dachte Melanie. Image brauchte Zeit und unendlich viel Geduld. Doch diesen Luxus hatte Melanie jetzt nicht. Sie musste ihre Sache einfach so gut machen, wie sie konnte, auch wenn das Ziel noch so unerreichbar schien.

Melanie ließ den Führstrick los und hob den Sattel auf. Es war gefährlich, den Strick herunterhängen zu lassen, doch sie wollte ihn auch nicht vom Halfter lösen. Selbst in der Box war Image nicht leicht zu fangen.

Mit dem Sattel über dem Arm stand sie in der Mitte der Box und wartete, während Image sie misstrauisch beäugte. Für eine kleine Ewigkeit standen sie so da und beobachteten sich gegenseitig.

Melanie taten allmählich die Arme weh. Sie dachte an die zehn Boxen, die sie noch ausmisten musste, und an die Decken, die in den Trockner mussten. Und sie dachte an Brad Townsends harte Worte: „Dieses Pferd ist viel zu verwöhnt, um je ein Rennpferd zu werden." Dann dachte sie an das letzte Mal zurück, als sie mit Image auf Tall Oaks gearbeitet hatte. Das Satteln war überhaupt keine Schwierigkeit gewesen. Im Gegenteil, die Stute hatte auf alles Neue, das Melanie ihr beibrachte, mit Neugier und Lerneifer reagiert.

„Wie kann ich sie wieder dahin bekommen?", fragte sich Melanie.

Endlich drehte Image die Ohren nach vorn, und Melanie wagte einen Schritt auf sie zu. Als das Pferd ängstlich den Kopf hochwarf, blieb Melanie wieder stehen und wartete.

Ihr Fuß schlief ein, und Fliegen schwirrten ihr ums Gesicht. Von draußen brüllte Julio: „Warum sind diese Boxen noch nicht gemistet?" Doch Melanie rührte sich nicht.

Image senkte den Kopf und knabberte an etwas Heu.

„Na, schmeckt das gut?", fragte Melanie. Doch als sie ein

weiteres Stückchen nach vorn ging, scheute Image und trat auf den herabhängenden Führstrick. Der Strick spannte sich, zog am Halfter, und Image geriet in Panik.

Mit geblähten Nüstern sprang sie zur anderen Seite der Box, rammte Melanie mit der Flanke und schubste sie gegen die Wand. Die Stute wirbelte wieder herum und schnaubte wild. Mehrere Minuten lang rannte sie panisch im Kreis. Dann blieb sie ganz plötzlich stehen. Die Stute hob den Kopf und stieß ein lautes Wiehern aus. Als von draußen ein anderes Pferd antwortete, stürzte sie zur Boxentür und steckte den Kopf hinaus. Sie zitterte am ganzen Leib.

Melanie schüttelte den Kopf. Ihre Unterlippe zitterte. Wem machte sie hier etwas vor? Niemals würde sie einen Sattel auf dieses Pferd bekommen.

Sie rutschte an der Boxenwand herunter, bis sie mit angezogenen Knien im Stroh saß. Sie musste es endlich einsehen – Image kannte sie nicht mehr. Und was noch schlimmer war, Melanie wusste nicht, ob Image je wieder Vertrauen zu ihr fassen würde.

Der Gedanke brach Melanie fast das Herz.

Melanie legte die Stirn auf den Sattel und ließ den Tränen freien Lauf. Es war zu spät. Brad hatte recht: Es würde das Beste für sie sein, als Zuchtstute auf seinem Gestüt zu leben. Wenigstens würde sie da nicht in einer dunklen Box eingesperrt sein wie in einem Gefängnis, auf einer Rennbahn, auf der sie ja doch niemals laufen würde.

In dem Moment spürte Melanie einen warmen Hauch am Kopf. Weiche Lippen spielten an ihren Haaren.

Überrascht blickte sie auf. Vor ihr stand Image. Mit gesenktem Kopf beschnupperte sie Melanies Stirn und Wangen; ihre Nüstern bebten mit jedem Atemzug. Langsam tastete sich die Stute weiter herunter und roch neugierig an Melanies Armen und Beinen.

Melanie hielt die Luft an.

Als Image jeden Zentimeter erkundet hatte, hob sie den Kopf und entfernte sich seelenruhig. Melanie starrte sie an und blinzelte verblüfft.

Bildete sie es sich ein, oder hatte sich Images ganzer Ausdruck verändert?

Nein, die Angst war aus den Augen des Pferdes gewichen. Die angelegten Ohren waren nach vorn gerichtet.

„Sie hat mich erkannt!“, dachte Melanie verwundert und aufgeregt.

Diesmal scheute Image nicht, als Melanie aufstand. Sie kam herüber, legte das Maul an Melanies Wange und atmete langsam ein.

„Du weißt, wer ich bin“, flüsterte Melanie mit brüchiger Stimme. Sie lehnte den Sattel an die Wand, schlang die Arme um Images Hals und vergrub das Gesicht in ihrer Mähne. Melanie schluchzte vor Glück – und Hoffnung.

Kapitel 4

Zwanzig Minuten später führte Melanie Image aus der Box. Die Stute blieb unter dem Vordach auf der Stallgasse stehen, hob den Kopf und blickte sich aufmerksam um. Melanie kontrollierte den Sattelgurt und klopfte Images Hals. Als Image einmal begriffen hatte, wer Melanie war, war das Satteln ein Kinderspiel gewesen. Auch jetzt war der Blick des Pferdes sanft und vertrauensvoll.

Melanie konnte gar nicht aufhören zu grinsen. „Gehen wir ein bisschen spazieren und suchen dir ein Fleckchen Gras." Sie schnalzte mit der Zunge.

Die Morgenarbeit war vorbei, und überall wurden Pferde gewaschen, gestriegelt und geführt. Einige der Pfleger hielten inne, wenn Melanie und Image vorbeigingen, und sahen ihnen nach. Melanie versuchte gerade, sich zu erinnern, wo ein Stückchen Wiese war, auf dem sie Image grasen lassen konnte, da entdeckte sie Vince. Mit einem Rennprogramm in der Hand stand er in der Tür zum Büro. Er trug seinen üblichen Filzhut und machte ein mürrisches Gesicht.

„Wo willst du mit dem Pferd hin?", fragte er, die buschigen Augenbrauen finster zusammengezogen.

Melanie wusste nicht, was sie sagen sollte, und eine leichte Panik stieg in ihr auf. Eigentlich sollte sie gerade Boxen ausmisten und Wäsche trocknen. Sie hatte völlig vergessen, dass sie nicht mehr auf Tall Oaks war. Sie hätte zuerst fragen müssen, ob sie Image aus der Box holen durfte.

„Ich ... ich gewöhne Image an den Sattel“, stammelte sie. Mit einem Kopfnicken in Richtung Bahn fügte sie hinzu: „Und ich dachte, ich führe sie ein bisschen und lasse sie grasen. Sie stand so lange in der Box, dass sie schon dicke Beine hat. Entschuldigen Sie, ich hätte Sie erst um Erlaubnis bitten müssen.“

Vince kniff die Augen zusammen, doch dann sah er wieder auf das Rennprogramm in seiner Hand und winkte sie weiter. „Du hast die Erlaubnis. Aber vergiss nicht den Rest deines Jobs.“

„Bestimmt nicht, Mr. Jones.“ Melanie schluckte und eilte weiter. Vince war so schroff wie immer gewesen, doch er hatte ihr nicht befohlen, Image wieder in die Box zu bringen. Das war hoffentlich ein gutes Zeichen.

Sie spazierten weiter an den Ställen vorbei, und Image schlug munter mit dem Kopf und tänzelte aufgeregt. Offensichtlich freute sie sich, draußen zu sein. Doch sie blieb dicht an Melanies Seite und zerrte nicht am Führstrick. Melanie blieb hoffnungsvoll.

„Du reißt dich jetzt lieber nicht los“, sagte sie streng, „oder das ist dein erster und letzter Spaziergang mit mir.“

Die Bahn war leer bis auf einen Begleitreiter. Melanie führte Image zu einem Flecken Wiese außerhalb der Rails. Während die Stute eifrig graste, ließ Melanie den Blick schweifen. Die Keeneland-Rennbahn im Herbst bot einen wunderschönen Anblick. Neben den hohen Kiefern färbten sich die Blätter der Laubbäume rot und golden.

Melanie atmete tief die Luft ein. Ihr Blick ging zurück zu

Image, die gierig das Gras abrupfte. Sie konnte sich nicht erinnern, wann sie zum letzten Mal so glücklich gewesen war. Natürlich glaubte sie nicht, dass sich Image plötzlich in das perfekte Pferd verwandelt hatte, doch wenn sich die Stute an Melanie erinnerte und ihr wieder vertraute, hatte sie vielleicht doch noch eine Chance.

Melanie trat an Images Seite, legte den Arm über ihren Widerrist und lauschte dem zufriedenen Kauen. Wenn Image so ruhig blieb, konnte sie das Pferd nach und nach an alles Neue auf der Rennbahn gewöhnen. Dann kam die Arbeit an der Doppellonge, die Gewöhnung an das Reitergewicht und schließlich die Arbeit auf der Bahn. Ja, vor ihnen lag noch ein gutes Stück Arbeit, doch das wiedergewonnene Vertrauen war ein Anfang.

Aber eine Woche?

Wieder verließ Melanie der Mut. Eine Woche war so kurz, und sie wollte die Stute nicht drängen oder überfordern. Sie konnte nur hoffen, dass Image auf den Geschmack kam, sobald sie richtige Rennbahnluft schnupperte, und endlich merkte, wozu sie geboren war: zum Rennen.

„Melanie?“

Melanie drehte sich um. Ihre Tante Aileen kam mit fragendem Blick den Kiesweg entlang auf sie zu.

„Hallo, Aileen. Was gibt’s?”

„Ist das Image?“ Ihre Tante trug Jeans, Stallschuhe und eine Sweatjacke. Das kinnlange braune Haar hatte sie sich hinter die Ohren gestrichen.

„Ja.“ Grinsend klopfte Melanie die Brust der Stute. „Unglaublich, aber wahr.“ Gestern Abend beim Essen hatte Melanie Mike und Aileen erklärt, wieso sie den Job bei Vince Jones angenommen hatte.

Aileen blieb vor dem Pferd stehen, verschränkte die Arme und betrachtete Image. „Ja, das ist wirklich unglaublich. Das letzte Mal, als ich sie gesehen habe, hat sie gerade irgendeinen armen Pfleger umgerannt."

„Das hat sie mit mir heute auch schon gemacht. Aber das ist hoffentlich vorbei. Obwohl sie bestimmt größere Fortschritte machen würde, wenn sie auf Whitebrook wäre. Das habe ich jedenfalls Fredericka gesagt." Sie sah ihre Tante von der Seite an, wie sie wohl reagieren würde.

„Wahrscheinlich hast du recht", erwiderte Aileen, doch Melanie sah, dass sie mit ihren Gedanken woanders war. „Melanie, wir brauchen dich am Wochenende. Du musst Raven reiten. Ich weiß nicht genau, was du mit Vince vereinbart hast, aber ich hoffe, er lässt dich noch für uns Rennen reiten."

„Raven? Bist du sicher, dass ihr mich wollt? Ich bin sie in ihrem letzten Rennen geritten, und das war nicht so toll."

„Du konntest nichts dafür, dass sich Raven beim Start auf die Füße getreten ist. Und am Ende ist ihr einfach die Puste ausgegangen", sagte Aileen. „Wir haben sie für ein weiteres Maidenrennen über 1600 Meter genannt. Wenn sie diesmal einen sauberen Start erwischt, wird sie sich besser schlagen."

„Na gut, ich reite sie. Vince ist sicher einverstanden, wenn du ihn fragst. Es ist ja nur ein Rennen."

„Es ist nicht ‚nur ein Rennen'", entgegnete Aileen. „Raven ist das einzige Pferd, das am Wochenende für Whitebrook läuft." Sie trat an die Rails und lehnte sich müde gegen den Zaun. Melanie bemerkte die dunklen Ringe unter den Augen ihrer Tante. Sie sah wirklich müde aus.

„Geht es dir gut?"

„Ja. Es läuft nur nicht alles ganz nach Plan, seit Stern krank ist.“ Aileens Gesicht wurde sorgenvoll, doch dann schien sie die düsteren Gedanken abzuschütteln. „Raven läuft Samstag im zweiten Rennen. Wenn ich Vince sehe, erkläre ich ihm, dass wir dich brauchen.“

Plötzlich verstand Melanie, was mit Aileen los war. Ein Renngestüt zu betreiben, war selbst unter den besten Voraussetzungen Schwerarbeit, und in letzter Zeit war tatsächlich nicht alles optimal gelaufen. Seit Wochen hatte Whitebrook keinen Sieger mehr vorweisen können, und obwohl Aileen es nie offen zeigte, ging ihr Sterns Krankheit bestimmt genauso an die Nieren wie Christina.

„Machst du dir Sorgen um Stern?“, fragte Melanie.

„Ständig. Obwohl er jeden Tag kräftiger wird, gibt es keine Garantie, dass er je wieder Rennen laufen wird. Und Chris zerreißt es das Herz.“ Seufzend blickte Aileen über die Rennbahn.

„Das erinnert dich bestimmt daran, als Wunder krank war“, sagte Melanie mitfühlend.

Ihre Tante nickte. Wunder war nun schon zwei Jahre tot, doch Melanie wusste, dass Aileen immer noch jeden Tag an die Stute dachte.

„So. Ich hab noch Arbeit zu erledigen“, sagte Aileen.

„Ich auch. Julio fragt sich bestimmt schon, wo ich bleibe. Ich habe Decken in der Wäsche und muss noch ausmisten.“ Melanie lachte. „Und ich dachte, Pflegerin wäre ein einfacher Job.“

„Nichts mit Pferden ist einfach. Gut, dass wir sie so lieben.“ Zum ersten Mal in ihrem Gespräch lächelte Aileen. „Kopf hoch, Melanie. Ich frage Vince gleich wegen des Rennens.“

Als Aileen gegangen war, ließ Melanie die Schultern hängen. Ihre Tante hatte große Sorgen, doch Melanie war so mit Image beschäftigt gewesen, dass sie es nicht bemerkt hatte.

Wenn sie am Samstag Raven ritt, wollte sie versuchen, es bei Aileen und Mike wieder gutzumachen. Sie musste gewinnen. Für Aileen und für Whitebrook.

„Außerdem muss ich beweisen, dass ich immer noch reiten kann", sagte sie zu Image, während sie zurück zum Stall gingen. „Damit Vince mich irgendwann zu deinem Jockey macht!"

Den Rennsattel über dem Arm, ging Melanie am Samstagmorgen auf die Waage.

„Dreiundfünfzig Kilo", erklärte der Auswieger.

„Das kann nicht stimmen", protestierte Melanie. „Ich wiege immer fünfzig."

„Dann trainierst du wohl gerade nicht genug."

„Gestern habe ich zehn Boxen ausgemistet, fünf Pferde geführt, fünf weitere gewaschen, Sattelzeug geputzt, Pferde gefüttert, Eimer ausgewaschen und wieder gemistet. Und heute Morgen, bevor ich in die Jockeystube kam, das gleiche Spiel. Und das soll kein Training sein?!" Melanie wusste, dass sie sich nicht mit dem Auswieger herumstreiten sollte. Sie war länger nicht geritten, also hatte sie auch nicht auf ihr Gewicht geachtet. Es war eindeutig ihre Schuld.

Zum ersten Mal würde sie die Pfunde in der Sauna runterschwitzen müssen.

„Warum regst du dich so auf?", fragte der Auswieger. „Du bist doch immer noch ein Fliegengewicht."

Melanie seufzte frustriert und stieg von der Waage. Sie war immer noch leichter als die meisten männlichen Jockeys, doch als Lehrling bekam sie ein paar Kilo Gewichtserlaubnis, die sie jetzt nicht voll ausnutzen konnte. Außerdem war Raven erst zwei Jahre alt und sehr zierlich, daher war es besonders wichtig, dass sie so wenig Gewicht wie möglich trug. Melanies zusätzliche Kilos würden vielleicht über Sieg oder Niederlage entscheiden.

Und Melanie brauchte den Sieg.

„So ein Mist“, grummelte sie vor sich hin, als sie den Umkleidebereich der Frauen in der Jockeystube betrat. Sie hatte gehofft, vor dem Rennen noch etwas Zeit mit Image verbringen zu können. Stattdessen musste sie jetzt in der Sauna schwitzen.

Melanie zog sich bis auf Unterhose und T-Shirt aus und öffnete die Tür zur Sauna. Als sie in die dunkle Kammer trat, schlug ihr die Hitze entgegen, und bald rann der Schweiß an ihr herab. Melanie setzte sich auf die Bank, lehnte den Kopf gegen die Wand und schloss die Augen.

„Das ist wirklich entspannend“, musste sie sich eingestehen. Nachdem Julio sie zwei Tage lang herumgescheucht hatte, war es schön, einmal nur zu sitzen und nichts zu tun. Sie hatte vom Ausmisten und Eimerschleppen Muskelkater, und die Wärme tat gut.

Am Freitag hatte sie ein bisschen Zeit mit Image dazwischenschieben können. Sie hatte sie geputzt, bis das Fell glänzte, dann hatte sie die Stute gesattelt und sie wieder spazieren geführt. Wieder hatte sich Image gefreut, aus der Box zu kommen, und hatte sich alles neugierig angesehen. Als sie zurückgekommen waren, hatte Melanie die Stute aufgetrenst und sie ein paar Mal vor dem Büro auf und abgeführt, damit Vince sie sah.

„Und Perfect Image hat ihrem Namen alle Ehre gemacht.

Sie hat sich einfach perfekt benommen“, dachte Melanie und lächelte schläfrig.

„Melanie?“

Jemand rüttelte Melanie an der Schulter.

„Hmm?“ Melanie versuchte, die Augen zu öffnen, doch ihre Augenlider waren so schwer.

„Melanie, wach auf. Wie lang sitzt du schon hier?“

„Probier es mal damit“, sagte eine andere Stimme. Kaltes Wasser platschte Melanie ins Gesicht. Spuckend und prustend setzte sie sich auf. Dann wurde ihr schummrig, und sie kippte wieder nach hinten. Als sie aufblickte, sah sie in zwei besorgte Gesichter. „Vicky? Karen? Hallo“, krächzte sie. „Was macht ihr denn hier? Und warum habe ich so einen trockenen Mund?“

„Weil du ich weiß nicht wie lange in diesem Backofen hockst. Zum Glück bin ich reingekommen und habe dich gefunden.“ Vicky Frontiere, eine Jockeykollegin, nahm Melanies Arm und zog sie hoch, während Karen Groves, eine andere Auszubildende, sie auf der anderen Seite stützte.

Als sie stand, fühlten sich ihre Beine an wie Wackelpudding, und sie schwankte gegen Vicky. „Hoppla. Was ist denn mit mir los?“

„Flüssigkeitsmangel. Komm, raus hier und unter die warme Dusche.“ Vicky und Karen führten Melanie aus der Sauna. Die Luft im Umkleideraum kam ihr eiskalt an, und zitternd überquerte Melanie den Fliesenboden zur Dusche.

Ohne das T-Shirt auszuziehen, stellte sich Melanie unter das prasselnde Wasser. Sie ließ einen Strahl in ihren Mund fließen und schluckte gierig. „Wie spät ist es?“, rief sie.

„Fast zwölf“, rief Vicky zurück.

Melanie schnitt eine Grimasse. Sie hatte eine volle Stunde in der Sauna gesessen. Wie konnte man nur so blöd sein?

„Du hattest Glück“, sagte Karen. „Die Temperatur war niedrig eingestellt. Was hast du überhaupt dort drin gemacht?“

„Ich wollte ein paar Kilos runterschwitzen. Ich muss eingeschlafen sein.“

„Du hättest jemandem sagen sollen, dass du in die Sauna gehst.“ Karen warf ein Handtuch über die Stange. „Da. Das hab ich aus deinem Spind genommen.“

Melanie drehte das Wasser ab. Sie schnappte sich das Handtuch und trocknete sich ab. „Ich weiß, das war dumm. Aber ich war so müde.“

„Ich hab gehört, du bist jetzt Pflegerin bei Vince“, sagte Karen.

„Leibeigene wäre wohl der richtige Ausdruck“, erwiderte Melanie. „Aber ich sehe ihn kaum. Julio ist mein Chef.“

„Julio? Er war auch mal Jockey“, sagte Vicky. „Ist zu schwer geworden. Er ist immer noch stinksauer darüber und lässt es jetzt wahrscheinlich an dir aus.“

„Ach, eigentlich ist er ganz nett“, meinte Melanie und fügte lachend hinzu: „Wenn er mich nicht gerade herumkommandiert.“ Dann trat sie aus der Dusche. Sie zitterte immer noch.

„Zieh dir schnell was Trockenes an“, sagte Karen.

Melanie nickte mit klappernden Zähnen.

Vicky reichte ihr ein Sportgetränk. „Hier. Das wird dir helfen.“

Melanie ließ sich auf die Holzbank sinken. „Danke. Ihr kümmert euch so lieb um mich. Ich sehe schon – ihr könnt heute nicht meine Gegner sein.“

Karen und Vicky lachten.

„Ich muss zum Wiegen." Vicky hob ihren Sattel hoch.

„Wen reitest du?", fragte Melanie und nahm einen Schluck von ihrem Getränk.

„Im ersten Rennen Paycheck, im zehnten Big Shot, das ist eines von Vinces Pferden, und in den Blue Blood Stakes Celtic Mist."

Melanie ließ die Flasche sinken. „Was, du reitest Brads Pferd?"

Vicky nickte zufrieden. „Ich weiß, dass die Townsends nicht deine besten Freunde sind. Aber er hat da wirklich ein super Pferd. Natürlich war ich nicht seine erste Wahl als Jockey. Aber dieser tolle Hecht, den er aus Kalifornien einfliegen lassen wollte, hätte es nicht rechtzeitig geschafft. Es gab Nebel, und sein Flug wurde verschoben."

„Ich freu mich für dich, ehrlich. Und ich wünsch dir viel Glück – dir, nicht Brad", sagte Melanie.

Als Vicky und Karen gegangen waren, zog sie ihre weiße Nylonhose und die langärmelige, blau-weiße Rennbluse hervor. Nachdem sie sich umgezogen hatte, streifte sie noch die Schutzweste über und ging dann zum Auswieger, um sich erneut wiegen zu lassen.

„Zweiundfünfzig", erklärte er.

„Nur ein Kilo", grummelte Melanie, als sie von der Waage stieg. Auf ein ordentliches Sandwich zu Mittag würde sie verzichten müssen.

Sie kaufte sich in der Kantine einen Energieriegel, und während sie an ihm knabberte, verfolgte sie am Monitor die Parade vor dem ersten Rennen. Sofort erkannte sie Vicky, die einen rot-gelben Dress trug. Ihr Pferd, Paycheck, hatte die Nummer neun. Vor der Tribüne tänzelte Paycheck nervös neben dem Begleitpferd her. Melanie hätte sich zu gern auf das Rennen konzentriert, denn Vicky war eine tolle Reiterin, von der sie noch viel lernen konnte, doch sie war zu sehr von ihren eigenen Gedanken abgelenkt.

Sie dachte an ihr letztes Rennen auf Raven zurück. Raven war schnell, aber kein Steher, und das kurze Stolpern nach dem Start hatte das Ergebnis beeinflusst. Melanie musste vorsichtig reiten, wenn sie gewinnen wollte. Ein Rennen über 1600 Meter war so schnell vorbei, dass der Jockey keine Zeit für Fehler hatte.

Sie nahm ein Rennprogramm zur Hand und sah sich ihre Gegner im zweiten Rennen an. Dabei rutschte ihr das Herz in die Hose. Fred Anderson ritt Peaches 'n' Cream, eine Stute, die von Jimmy J. trainiert wurde. Seit Fred für Jimmy ritt, war seine Pechsträhne offenbar vorbei, und er konnte schon mehrere Siege für sich verbuchen. Aber noch schlimmer war das Pferd Nummer fünf: Theatrical, Besitzer G. Neubauer, Trainer Vince Jones.

Melanie stöhnte. Als Aileen Vince gefragt hatte, ob Melanie im zweiten Rennen für Whitebrook reiten durfte, musste er gewusst haben, dass sie gegen eines seiner Pferde antreten würde.

Der Ruf für die Reiter zum zweiten Rennen unterbrach Melanies Gedanken. Eilig stand sie auf, und als ihr schwarz vor Augen wurde, hielt sie sich kurz an der Stuhllehne fest. Sie schloss die Augen, bis das Schwindelgefühl vorbei war. Dann nahm sie ihren Sattel und verließ zusammen mit den anderen Reitern die Jockeystube. Sie entdeckte Fred.

„Na, wie läuft Peaches?“, fragte sie ihn. Fred war etwa in Melanies Alter und ebenfalls noch ein Stift. Er trug die Farben Gelb und Blau.

„Rund und glatt“, antwortete Fred grinsend. Er sah sie von der Seite an und runzelte die Stirn. „Geht es dir gut? Du bist so weiß wie die Ärmel deiner Bluse.“

„Es geht mir mehr als gut. Pass auf, gleich wirst du nur noch eine Staubwolke von mir sehen“, neckte sie ihn. „Nur weil ich eine Weile nicht geritten bin, heißt das nicht, dass ich dich gewinnen lasse. Aber herzlichen Glückwunsch zu deinen letzten Siegen.“

Fred strahlte. „Danke. Endlich verdiene ich genug Geld, dass ich aus meinem Auto in eine Wohnung ziehen konnte. Jimmy J. ist wirklich toll.“

„Freut mich für dich, dass es so gut läuft.“

Als sie den Sattelplatz erreichten, verabschiedete sich Melanie.

Aileen führte Raven um den Führring.

„Wie ist sie drauf?“ Melanie trat an Ravens Seite. Die kohlschwarze Stute drehte aufgeregt den Kopf hin und her und sah mit leuchtenden Augen in die Zuschauermenge.

„Sie ist ziemlich aufgedreht“, sagte Aileen. „Du musst aufpassen, dass sie sich nicht schon vor der Startmaschine verausgabt. Und lass sie nicht zu weit zurückfallen. Es ist ein kurzes Rennen, und sie kommt nicht gern von hinten.“

Melanie nickte. Normalerweise gab Aileen ihr keine so ausführliche Order. Offensichtlich war ihre Tante wegen des Rennens nervös.

„Ich gebe mein Bestes, Aileen, versprochen“, sagte Melanie. Sie drückte sich die Hand auf den Bauch und versuchte, das Knurren zu ignorieren. „Aber ich muss dir leider sagen, dass ich zwei Kilo schwerer bin als beim letzten Mal. Es tut mir leid. Es ist einfach so passiert. Ich habe es nicht gemerkt.“

Aileen nickte, doch ihr Blick blieb starr geradeaus gerichtet, als sie Raven in die Sattelbox führte.

Melanie blieb draußen vor der Box stehen und biss sich auf die Lippe. Sie hatte sich in den letzten Wochen nur um Image gesorgt. Ans Reiten hatte sie kaum einen Gedanken verschwendet. Doch in einem Sport, in dem die Konkurrenz so hart war, konnte man es sich nicht leisten, sich gehen zu lassen. Was, wenn sie dieses Rennen verpatzte?

Melanie trat in die Box und reichte Aileen ihren Sattel. Aileen legte ihn über die blau-weiße Decke mit der Nummer vier auf der Seite. Die Miene ihrer Tante war nüchtern und konzentriert. Ihre ganze Energie war darauf gerichtet, Raven für das Rennen fertig zu machen.

„Genau das muss ich auch tun", dachte Melanie, als sie ihren Helm aufsetzte. „Mich auf das Rennen konzentrieren. Und auf den Sieg."

Sie holte tief Luft und verschluckte sich dann fast, als sie Vince Jones entdeckte, der in einiger Entfernung auf der anderen Seite des Führrings stand. Er blickte sie direkt an und strich sich gedankenverloren mit den Fingern übers Kinn.

Melanie stieg das Blut ins Gesicht. An Vince hatte sie überhaupt nicht mehr gedacht. Sie wollte unbedingt die Erste sein, die Image ritt, und die Erste, die sie mit der Rennbahn vertraut machte. Doch darüber hatte Vince zu entscheiden. Und das hieß, er würde nicht nur das Rennen beobachten – er würde sie beobachten.

Wenn Melanie dieses Rennen verpatzte, würde Vince Jones sie niemals Image reiten lassen.

Kapitel 5

Plötzlich wurde Melanie schwindelig. Ihre Beine gaben nach, und sie taumelte gegen die Trennwand zwischen den Boxen. Wieso hatte sie vor dem Rennen nichts mehr gegessen? Wieso war sie in diese blöde Sauna gegangen? Jetzt war sie so wackelig, dass sie wahrscheinlich vom Pferd und genau vor Vinces Füße fallen würde.

„Melanie, soll ich dich raufwerfen?“, fragte Aileen.

Melanies Kopf schnellte herum. „Was?“

„Raufwerfen.“ Aileen sah sie mit besorgter Miene an. Sie hatte Raven bereits aus der Sattelbox geführt. Melanie blinzelte und sah sich benommen um. Die anderen Jockeys waren aufgesessen und ritten vom Sattelplatz.

„Oh, natürlich“, stieß Melanie hervor und schloss den Kinnriemen ihrer Kappe. Sie eilte an Ravens Seite und fasste an den vorderen und hinteren Rand des Sattels.

Aileen legte Melanie die Hand auf die Schulter. „Fühlst du dich nicht gut?“

„Doch, alles klar“, antwortete Melanie. Sie konnte nicht zugeben, dass es ihr nicht gut ging. Es war zu spät für einen Jockeywechsel und zu spät, um Ravens Nennung zurückzuziehen.

Aileen verschränkte die Hände unter Melanies gebeugtem Knie und warf sie in den Sattel.

Raven tänzelte zur Seite, und Melanie nahm die Zügel auf. „Ruhig, mein Mädchen."

Aileen hielt noch den Führzügel. Sie sah zu Melanie auf.

„Es geht mir gut, Tante Aileen, wirklich", versicherte Melanie ihr. „Ich an deiner Stelle würde jetzt schnell meinen Freunden sagen, sie sollen ihr Geld auf Raven setzen. Auf Sieg."

Zum ersten Mal lächelte Aileen. „In Ordnung. Vielleicht mache ich das. Wir sehen uns im Siegerring." Sie hakte den Führzügel los und trat zurück. Als Melanie Raven zum Tor lenkte, schaute sie über die Schulter zurück und entdeckte Vince Jones, der neben Theatrical herging. Den Reiter, einen dunkelhäutigen Mann im rot-weißen Renndress, kannte Melanie nicht. Da viele Jockeys von Rennbahn zu Rennbahn reisten, war es nicht ungewöhnlich, ein neues Gesicht zu sehen.

Vince hob den Kopf, und ihre Blicke trafen sich. Schnell drehte Melanie den Kopf wieder nach vorn. „Sie werden schon sehen, Mr. Jones", murmelte sie vor sich hin. „Ich werde Ihnen zeigen, wie es geht."

Als sie den Sattelplatz verließen, drohte Raven mit angelegten Ohren dem Mädchen auf dem Begleitpferd, und Melanie beschloss, lieber allein auf die Bahn und zur Startmaschine zu reiten.

Sie kontrollierte ihre Schutzbrille oben auf ihrem Helm. Es war warm, und ihr war heiß unter der Sicherheitsweste. Ihre Finger zitterten. Die Haut fühlte sich klamm an.

Melanie schüttelte den Kopf und versuchte, sich zu konzentrieren. „Du schaffst das", sagte sie mit zusammengebissenen Zähnen zu sich selbst. „Du musst das schaffen. Für Aileen, für Whitebrook, für Image!"

Sie drückte die Hacken in Ravens Seiten. Raven machte einen ungestümen Satz nach vorn, so dass Melanie fast das Gleichgewicht verlor, und fiel dann in einen schwungvollen Trab. Die Zuschauer auf der Tribüne jubelten den Pferden zu, die der Kommentator einzeln vorstellte. Ravens Quote lag bei zwölf zu eins. Ein Lächeln stahl sich auf Melanies Gesicht, und sie spürte ein aufgeregtes Kribbeln. Mit so einer Wettquote würde sich ein Sieg von Raven richtig auszahlen.

Als sie die Startmaschine erreichten, bremste Melanie Raven in den Schritt. Die Stute schlug nervös mit dem Kopf. Beim letzten Rennen hatte sich Raven gesträubt, in die Startbox zu gehen. Während die Starthelfer die ersten drei Pferde in die Boxen dirigierten, redete Melanie beruhigend auf die Stute ein. Bald waren sie an der Reihe. Der Starthelfer führte Raven zu dem engen Stand, und Melanie seufzte erleichtert, als sie anstandslos hineinging.

„So ist es brav“, flüsterte Melanie zu Raven. Aufmerksam spielten die Ohren der Stute. Melanie straffte die Schultern, kontrollierte die Position ihrer Füße in den Steigbügeln und zog ihre Schutzbrille herunter. Dann richtete sie den Blick zwischen Ravens Ohren hindurch auf das leere Geläuf.

Auf einmal wurde ihr schwindelig. Schnell griff sie in die Mähne, damit sie nicht zur Seite kippte. Das Pferd tänzelte, und der Starthelfer, der auf der Zwischenwand links von ihnen hockte, tätschelte beruhigend Ravens Hals.

„Reiß dich zusammen!“, ermahnte sich Melanie. Sie atmete tief ein und aus. Der Nebel in ihrem Kopf lichtete sich, und ihre Hände griffen wieder fest die Zügel.

„Letztes Pferd!“, rief der Starter, damit die Reiter wussten, dass nur noch ein Pferd einrücken musste. Melanie beugte sich nach vorn und balancierte über Ravens Widerrist, die Fäuste fest geschlossen. Ihr Herz klopfte wild.

Die Glocke schellte, der Startschuss fiel, die Klappen flogen auf, und Raven schoss wie ein schwarzer Blitz auf die Bahn. Melanie kauerte sich tief über den Pferdehals. Jede Faser ihres Körpers war darauf ausgerichtet, die kleinste Unregelmäßigkeit sofort zu erspüren und zu reagieren. Doch sie waren schnell und sauber gestartet, und Melanie begann, die Stute an die Spitze zu treiben.

Sie drehte den Kopf und warf einen Blick nach links. Freie Bahn. Sie spielte am linken Zügel, und Raven bewegte sich an die Innenseite. Perfekt. Melanie war genau dort, wo sie sein wollte. Aber das Schwierigste stand ihr noch bevor – sie musste ihre Position an den Rails behaupten und gleichzeitig dafür sorgen, dass Raven nicht vorzeitig ermüdete.

Das Feld stürmte um den ersten Bogen. Dicht hinter sich hörte Melanie das Trommeln der Pferdehufe und treibende Rufe. Aus den Augenwinkeln sah sie, wie sich Peaches ’n’ Cream an der rechten Seite Zentimeter für Zentimeter heranschob. Fred hatte den Kopf eingezogen und trieb sein Pferd mit aller Kraft vorwärts.

Das Blut rauschte in Melanies Ohren, und auf ihrer Stirn brach der Schweiß aus.

„Atmen“, erinnerte sie sich. „Kämpfen.“

Peaches galoppierte näher heran. Kopf an Kopf stürmten die beiden Pferde um den Schlussbogen.

„Du schaffst das, Raven!“, trieb Melanie die Rappstute mit der Stimme an. „Das ist dein Rennen. Kein anderes Pferd kann dir das wegnehmen.“

Neben ihr hob Fred die Hand mit der Peitsche. Klatsch!

– Melanie hörte die Peitsche gegen den Rumpf des Pferdes knallen. Dann schoss Peaches nach vorn, an Raven vorbei, und Theatrical schloss auf und griff an der Außenseite an.

Melanie biss sich auf die Lippen. Sie wartete. „Sie darf sich nicht zu früh verausgaben", erinnerte sie sich. Sie spürte Ravens kraftvolle Muskeln unter sich. Der Atem der Stute ging kräftig und gleichmäßig.

Plötzlich überrollte Melanie die Erschöpfung. Ihre Schultern schmerzten, ihr Mund war trocken. Sie zog sich die dreckige Schutzbrille herunter und ließ sie um den Hals baumeln. Sie kniff die Augen zusammen und visierte den letzten Pfosten an. Noch zweihundert Meter. Sie zählte im Kopf die Sekunden ab.

„Peaches 'n' Cream führt mit einer halben Länge vor Raven, die sich an der Innenseite noch nicht geschlagen gibt; außen kommt jetzt Theatrical auf. Was für ein spannendes Rennen!", rief der Kommentator.

„Jetzt!" Im Takt der Galoppsprünge schob Melanie die Hände an Ravens Hals nach vorn und gab die Zügel nach. „Komm, Mädchen, lauf!", rief sie über das Tosen der Menge und das Donnern der Hufe hinweg. „Jetzt gib alles!"

Raven reagierte mit einem gewaltigen Schub nach vorn. Sie zogen an Peaches 'n' Cream vorbei und überquerten die Ziellinie mit einer Nasenlänge Vorteil.

Tränen stiegen Melanie in die Augen. „Wir haben es geschafft!", schrie sie, halb lachend trotz ihrer Erschöpfung. Sie stellte sich in die Steigbügel und bremste ihr Pferd zu einem langsamen Galopp.

Melanie wusste, die Stute hatte alles gegeben. Und sie wusste auch, dass sie das Rennen genau richtig geritten war. Hätte sie Raven zu einem früheren Zeitpunkt zum Endspurt getrieben, wäre der zierlichen Stute vor dem Ziel die Kraft ausgegangen.

Melanie ritt vor der Tribüne einen Zirkel und ließ die Stute entspannen und wieder zu Atem kommen. Als Raven in den Schritt fiel, ritt der Begleitreiter heran, um sie zum Absattelring des Siegers zu führen. „Schöner Ritt", sagte er.

„Danke." Melanie fiel auf den Hals ihres Pferdes. Sie ließ die Arme hängen und umarmte Raven. „Und danke dir", flüsterte sie.

Als sich Melanie wieder im Sattel aufrichtete, begann es in ihrem Kopf zu pochen, und vor ihren Augen explodierte ein buntes Feuerwerk. Schnell fasste sie in Ravens Mähne, um nicht herunterzufallen. Sie schnallte ihren Helm los und zog ihn herunter. Die Haare klebten ihr platt am Kopf. Ihre Wangen brannten wie Feuer.

„Ist alles in Ordnung?", fragte der Begleitreiter.

„Ja. Mir ist nur heiß, und ich bin müde." Während Melanie das sagte, merkte sie selbst, dass sie undeutlich sprach.

Im Siegerring erwartete Aileen sie mit einem strahlenden Lächeln. „Melanie! Das war großartig!"
Melanie versuchte zurückzulächeln, doch ihre Lippen fühlten sich an wie aus Holz.

Aileens Gesicht wurde ernst. Sie hakte den Führzügel an Ravens Trense. „Mel? Ist alles ...", begann sie, doch da kam schon der Aufruf, dass Melanie absitzen und sich wiegen lassen müsse.

Wie in Zeitlupe begann Melanie, das Bein übers Pferd zu schwingen. Doch ihre Glieder waren so steif, dass sie sich kaum bewegen konnte. Es war, als hingen Gewichte an ihren Armen und Beinen. Dann verschwamm alles vor ihren Augen.

„Ich bin so müde“, dachte Melanie. Sie sackte in sich zusammen, ihr Kinn fiel auf die Brust. „Ich will nur ein bisschen schlafen.“

Ihre Finger lösten sich aus Ravens Mähne. Langsam rutschte sie zur Seite.

„Fangt sie auf!“, rief jemand.

Dann wurde alles schwarz.

Melanie öffnete die Augen, doch ihre Lider waren so schwer, dass sie gleich wieder zufielen.

„Mel? Bist du wach?“

„Hm?“

Diesmal gab sich Melanie mehr Mühe und öffnete angestrengt die Augen. Aileen sah auf sie herab. Zwischen ihren Brauen stand eine tiefe Falte.

Melanie blinzelte. „Was ist passiert?“, wollte sie fragen, doch irgendetwas bedeckte ihre Nase und ihren Mund. Sie stützte sich auf einen Ellbogen hoch und fasste sich ans Gesicht. Sie fühlte etwas Rundes, Glattes.

„Bleib liegen“, sagte jemand, und Hände drückten sie wieder runter.

Melanies Augen weiteten sich, als sich ein fremdes Gesicht über sie beugte. „Du hast eine Maske auf dem Gesicht, die dich mit Sauerstoff versorgt“, sagte eine Frau. „Nick mit dem Kopf, wenn du das verstanden hast.“

Melanie nickte.

Die Frau sah herab auf die Blutdruck-Manschette an Melanies Oberarm. „Sie ist stabil. Wir können die Maske jetzt abnehmen“, sagte sie zu Aileen. „Sorgen Sie dafür, dass sie Flüssigkeit zu sich nimmt.“

Die Frau hob die Sauerstoffmaske von Melanies Gesicht.

„Was ist denn los?“, fragte Melanie und setzte sich auf. „Wo bin ich?“

„Im Rettungswagen. Leg dich wieder hin.“ Aileen tätschelte Melanies Schulter. „Du bist im Siegerring aus dem Sattel gekippt. Zum Glück konnten der Aufseher und ich dich noch auffangen.“

Melanie sank zurück auf das kleine Kissen. Ihr Kragen war aufgeknöpft, und sie trug keine Stiefel. „Ist mit Raven alles in Ordnung?“ Sie presste die Finger gegen ihre Schläfen. Ihr Kopf pochte immer noch.

„Es geht ihr gut. Und dir auch – wieder“, sagte Aileen. „Wieso hast du mir nicht vor dem Rennen gesagt, dass es dir nicht gut geht?“

„Aber es ging mir doch gut“, antwortete Melanie. „Habe ich das etwa nicht bewiesen?“ Sie grinste. „Hast du auf sie gesetzt?“

Aileen verdrehte die Augen. „Mel, du nimmst das nicht ernst genug. Du bist ohnmächtig geworden. Die Sanitäterin hat gesagt, du leidest unter Flüssigkeitsmangel.“

„Na gut, ich war ein bisschen unvorsichtig“, räumte Melanie ein. „Aber ich bin nicht krank. Ich war müde und hatte nichts gegessen.“ Sie erzählte Aileen von ihrem Abenteuer in der Sauna. „Ich hatte vergessen, wie anstrengend so ein Rennen ist, und habe nicht auf mich geachtet.“

„Du hast Glück gehabt, dass du das Rennen überstanden hast“, sagte Aileen. „Stell dir vor, du wärst mittendrin umgekippt. Du hättest tot getrampelt werden können.“

„Bin ich aber nicht. Ich wusste, was ich zu tun hatte. Ich musste ein gutes Rennen reiten. Für dich und für Whitebrook. Und um Vince zu beweisen, dass ich gut genug bin, um Image zu reiten.“

„Ach, das ist es also." Aileen sah Melanie vielsagend an. „Vince hatte auch ein Pferd in dem Rennen."

„Theatrical. Sie wurde Dritte. Er hat zugesehen."

„Nun, du bist ein gutes Rennen geritten", sagte Aileen. „Und ich weiß, dass Vince zugesehen hat." Sie versuchte, ein Lächeln zu unterdrücken, doch ihre Augen funkelten.

Melanies Augenbrauen schnellten in die Höhe. „Hat er was gesagt?"

„Nein. Aber der Besitzer von Theatrical. Er hat gesagt: ‚Nächstes Mal will ich die Reiterin der Nummer vier auf meinem Pferd.'"

„Ja!", rief Melanie glücklich und schlug mit der Faust in die Luft. „Das ist sogar noch besser, als wenn Vince etwas gesagt hätte." Sie tippte sich mit dem Finger an die Lippe, auf einmal nachdenklich geworden. „Image ist bald so weit, dass sie angeritten werden kann. Wenn ich Vince nur überzeugen kann, dass ich die Beste dafür bin ..."

„Vergiss nicht", sagte Aileen warnend, „Vince kann es nicht ausstehen, wenn ihm jemand sagt, was er tun soll. Wenn er dich auf Image setzt, dann muss er glauben, es sei seine eigene Entscheidung."

„Danke für den Tipp." Melanie setzte sich auf. „Wie lange war ich hier?", fragte sie. „Kann ich jetzt gehen?"

Die Sanitäterin saß auf einem Hocker und schrieb etwas auf einem Klemmbrett. „Du warst etwa eine Stunde hier – zum Flüssigkeitsmangel kam auch noch Hitzeerschöpfung dazu. Und du musst etwas trinken, bevor wir dich gehen lassen können." Sie reichte Melanie einen Pappbecher. „Trink das langsam. Es ist mit Elektrolyten angereichert."

Melanie nippte an dem Getränk. „Igitt. Wie viel muss ich davon trinken?"

„Am besten alles.“

„Und dann brauchst du etwas zu essen“, stellte Aileen fest.

Melanie schüttelte ungeduldig den Kopf. „Ich muss zurück zu Vinces Stall. Wenn ich heute nicht arbeite, bringt Julio mich um. Und ich muss zu Image. Ich habe sie heute Morgen kaum gesehen, ich hatte zu viel zu tun.“

„Langsam.“ Aileen lachte. „Du tust überhaupt nichts, bevor du etwas im Magen hast. Wenn Julio damit ein Problem hat, soll er zu mir kommen.“

Diesmal musste Melanie lachen. „Das würde ich gern sehen!“

Eine Stunde später hatte Melanie gegessen, geduscht und frische Sachen angezogen. Als sie aus der Jockeystube kam, war es drei Uhr nachmittags, und auf der Keeneland-Rennbahn fieberten die Massen den Blue Blood Stakes entgegen, dem Rennen mit dem höchsten Preisgeld des heutigen Tages. Melanie eilte zu den Stallbereichen und lief zu Vinces Boxen. Image begrüßte sie mit einem leisen Wiehern.

„Du hast mir auch gefehlt“, sagte Melanie. „Jetzt putzen wir dich erst mal schön. Dann wirst du gesattelt, und wir gehen spazieren, damit du dich an die vielen Menschen hier gewöhnen kannst. Irgendwann wirst du selbst Rennen laufen, und dann kann dir der ganze Trubel nichts mehr anhaben.“

Image nickte mit dem Kopf, als sei das eine prima Idee. Fröhlich summend striegelte und bürstete Melanie die Stute, bis ihr schwarzes Fell glänzte und sich ihr dichter Schweif wie ein Seidenschleier auffächerte. Nachdem sie Images Hufe ausgekratzt hatte, ging sie in die Sattelkammer, um eine Trense und einen Arbeitssattel zu holen.

„Gut. Du bist wieder da.“ Hinter ihr schritt Julio in die Sattelkammer. Er drückte ihr eine Putzkiste in die Hand. „Big Shot muss fürs zehnte Rennen fertig gemacht werden.“

„Aber ich arbeite mit Image“, wandte Melanie ein.

„Hat Vince gesagt, du sollst mit ihr arbeiten?“

„Nicht direkt.“

„Dann hast du meinen Anweisungen zu folgen. Samstags werden alle Pfleger gebraucht, um die Rennpferde vorzubereiten. Ob sie gerade ein Rennen gewonnen haben oder nicht“, fügte er mit einem sarkastischen Unterton hinzu.

„Oh, vielen Dank für die Glückwünsche“, murmelte Melanie.

Julio ignorierte die Bemerkung. „Ein Pfleger ist ausgefallen, also musst du Big Shot zum Sattelplatz bringen. Mit der schwarzen Stute musst du in deiner Freizeit arbeiten.“

„Aber ...“

Julio sah sie scharf an, und Melanie schloss den Mund.

„Er braucht Bandagen und eine Aufziehtrense“, fuhr er fort. „Vor dem Auftrensen musst du ihn erst etwas führen, damit er locker und ruhiger wird. Und seine Besitzerin, Mrs. Carrington, kommt vor der Tierarztkontrolle immer noch mal in den Stall und gibt ihm einen Kuss und eine Möhre. Sie ist eine alte, kleine, grauhaarige Dame. Du wirst sie erkennen.“

„Verstanden.“ Melanie atmete laut aus und hängte Images Trense zurück. Wenigstens war sie dazu gekommen, die Stute zu putzen.

Als sie die Box von Big Shot erreichte, steckte der riesige Hengst den Kopf über die Boxensperre und legte die Ohren an.

„Schluss damit, tu nicht so böse“, schimpfte Melanie. Sofort stellte das Pferd die Ohren nach vorn und wich einen Schritt zurück. Sie hatte die Box des Braunen oft genug ausgemistet, um zu wissen, dass die Drohgebärden nur Show waren.

Melanie duckte sich unter der Boxensperre durch, hakte einen Führstrick an sein Halfter und begann, den Hengst zu putzen. „Spar dir die Energie fürs Rennen auf“, riet sie dem Zweijährigen, als er mit dem Huf stampfte und mit dem Schweif schlug. Sie erinnerte sich, dass er sich vor ein paar Wochen, in seinem letzten Rennen, so gegen den Jockey gewehrt hatte, dass er bis ans Ende des Feldes zurückgefallen war. „Also darum hat Vince das scharfe Gebiss empfohlen“, dachte Melanie.

Mit gefurchter Stirn hielt Melanie beim Bürsten inne und betrachtete das Pferd. Wie viele Zweijährige war Big Shot dünn, schlaksig und übermütig. Doch er war frech und vorwitzig, nicht bösartig oder unbeherrschbar. Ian hatte immer gesagt, Hebelgebisse sollten das absolut letzte Mittel sein.

Während Melanie Big Shots Schweif ausbürstete, überlegte sie, mit welchem Reiter der Hengst als Letzter ins Ziel gekommen war. Dann fiel es ihr wieder ein: Es war Stan Hamrick, auch „Harte Hand“ genannt. Stan war ein erfolgreicher Jockey mit vielen Siegen auf seinem Konto, doch er war auch ein Reiter, der sein Pferd mit purer Kraft und Gewalt über die Ziellinie brachte. Nach dem Rennen in der Jockeystube hatte Hamrick alles aufs Pferd geschoben und laut getönt, Big Shot sei ja wohl höchstens ein Schuss in den Ofen. Der Hengst sei ein träger, ungezogener Nichtsnutz und bräuchte beim nächsten Mal ein scharfes Gebiss, denn wer nicht hören könne, müsse fühlen.

Melanie kratzte Big Shots Hufe aus, und der Hengst knabberte an ihrer Jeans herum. Als sie sich aufrichtete, kraulte sie ihn unter der Mähne, und das Pferd wackelte genüsslich mit der Oberlippe. „Du bist kein fauler, ungezogener Nichtsnutz, du bist ein verspieltes, anhängliches Hündchen. Du brauchst kein scharfes Gebiss. Du brauchst jemanden, der dich mit netten Worten über die Ziellinie lockt."

Als sie Big Shot fertig geputzt hatte, ging sie in die Sattelkammer und fand ein Rennprogramm. Sie schlug das zehnte Rennen auf und überflog die Starterliste. Vicky ritt Big Shot. Dann erinnerte sie sich, dass Vicky das ihr gegenüber sogar erwähnt hatte. „Sehr gut", dachte Melanie.

Vicky war das genaue Gegenteil von Hamrick. Sie war ebenfalls eine bekannte Reiterin mit vielen Siegen, doch sie ritt mit weicher Hand und brachte die Pferde mit Ruhe und Gelassenheit ins Ziel. Big Shot und Vicky würden fabelhaft zueinander passen. Nun musste sich Melanie nur noch einfallen lassen, wie sie um dieses Gebiss herumkam.

Sie ging zurück zu Big Shot, legte ihm eine Decke über, damit er nicht wieder dreckig wurde, und begann, ihn herumzuführen. Als sie am Büro vorbeikam, sah sie Fredericka auf einem Stuhl sitzen. Sie unterhielt sich mit jemandem. Melanie erkannte die Stimme der anderen Person – es war Vince. Sie verlangsamte ihre Schritte, hielt die Luft an und lauschte. Fredericka sprach. Es fiel Images Name, dann etwas über einen Verkauf, dann Brads Name.

Melanies Mund wurde trocken.

„He, Graham, gehst du gerade oder kommst du?", rief einer der Pfleger ihr zu. Melanie drehte sich um. Big Shot versperrte die Stallgasse vor einer Box.

„Entschuldigung“, murmelte Melanie. Panik stieg in ihr auf, als sie Big Shot weiterführte. So viele Fragen schwirrten in ihrem Kopf herum. Besprachen Fredericka und Vince gerade Images Zukunft? Wieso sollte Fredericka so früh eine Entscheidung treffen? Es war nicht mal eine Woche vergangen. Würde sie die Stute an Brad verkaufen?

Melanie blieb stehen. Sie brauchte Antworten auf ihre Fragen. Wenn Fredericka Image an Brad verkaufte, musste Melanie das wissen. Und zwar auf der Stelle.

Als sie Big Shot wendete, verließ Fredericka gerade das Büro. Die ältere Frau musste Melanies verzweifelten Gesichtsausdruck bemerkt haben, denn ihre eigene Miene verdunkelte sich.

„Was geht hier vor?“, fragte Melanie mit leiser Stimme, damit Vince oder sonst jemand sie nicht hören konnte. „Worüber haben Sie mit Mr. Jones gesprochen?“

„Brad hat mir heute ein sehr gutes Angebot für Image gemacht“, antwortete Fredericka. Sie trat heran und tätschelte Big Shot. „Besser als ich erwartet hatte. Er meint, sie wäre ein wundervoller Gewinn für seine Zucht.“

Melanie schnürte es den Brustkorb zu.

Fredericka berührte ihre Schulter. „Ich habe noch nicht zugesagt, aber ich wollte Vince schon einmal informieren. Wenn es mit Image weiter so bergab geht, werde ich Brads Angebot vermutlich annehmen.“

„Aber Sie haben uns eine Woche gegeben!“, erinnerte Melanie sie.

„Ich weiß. Und daran werde ich mich auch halten, Melanie. Versprochen.“ Sie lächelte traurig. „Ich liebe Image doch auch. Aber Vince glaubt nicht daran, dass sie in einer Woche große Fortschritte machen kann.“

„Wie kann er so was sagen? Seit ich mit ihr arbeite, ist es doch schon viel besser geworden!"

„Aber sie ist immer noch sehr weit davon entfernt, in einem Rennen zu laufen." Fredericka schüttelte den Kopf. „Ich gebe mein Bestes, um Tall Oaks zu einem erfolgreichen Betrieb zu machen. Das heißt auch, dass ich Geschäftsentscheidungen mit dem Kopf und nicht mit dem Bauch treffen muss." Sie seufzte. „Ich weiß, das klingt furchtbar, Melanie, aber Image hat bereits einen schlechten Ruf. Das ist kein gutes Aushängeschild für das Gestüt."

„Und Brad hat bestimmt nicht gezögert, das noch mal zu betonen", wollte Melanie entgegnen. Stattdessen sagte sie: „Das verstehe ich." Und das war nicht gelogen. Aileen und Mike kauften und verkauften ständig Pferde. Melanie wusste genauso gut wie Fredericka, dass es dumm war, ihr Herz so an Image zu hängen.

Doch sie konnte einfach nicht anders.

Kapitel 6

„Da ist ja mein Süßer.“ Die Frau, die auf Melanie und Big Shot zukam, trug ein geblümtes Kleid, eine Perlenkette und ein kleines rundes Hütchen mit Schleier. Melanie machte große Augen. Das musste Mrs. Carrington sein, Big Shots Besitzerin. Was Julio nicht erwähnt hatte: Die kleine alte Frau saß im Rollstuhl. Geschoben wurde sie von einem breitschultrigen Kerl, der aussah wie ein Sumo-Ringer.

„Hallo.“ Melanie ließ Big Shot halten. Das Pferd spitzte eifrig die Ohren. „Sie sind sicher Mrs. Carrington.“

„Ja.“ Mrs. Carrington beugte sich nach vorn und streckte die Hand mit einer Möhre aus. „Komm her, mein Hübscher, damit ich dir viel Glück wünschen kann.“

Big Shot senkte den Kopf und nahm mit sanften Lippen die Möhre aus den dünnen Fingern der Frau.

„Wie geht es ihm heute?“, fragte Mrs. Carrington. Big Shot beschnupperte ihren Hut. Dann stellte er sich so neben den Rollstuhl, dass Mrs. Carrington ihn kraulen konnte.

„Fantastisch“, sagte Melanie. „Seine Beine sind klar, und am Donnerstag im Training ist er eine gute Zeit gelaufen. Mit Vicky Frontiere im Sattel geht er bestimmt großartig.“

Mrs. Carrington nickte. „Das habe ich Vince auch gesagt.“ Sie legte den Kopf auf die Seite und sah Melanie aus wachen Augen an. „Ich habe dich schon oft reiten sehen. Du wärst auch ein guter Jockey für Big Shot. Das war ein wunderbares Rennen mit der schwarzen Whitebrook-Stute. Du bist sie perfekt geritten – locker und mit leichter Hand."

Melanie hob die Augenbrauen. Die kleine alte Dame kannte sich offensichtlich aus. „Danke." Melanie wagte es und erwähnte die Aufziehtrense. „Ich denke, Big Shot würde viel besser mit einer normalen Wassertrense laufen, gerade wenn Vicky ihn reitet", erklärte sie.

„Hmm." Mrs. Carrington schloss die Augen hinter ihrem Schleier und lehnte sich im Rollstuhl zurück. Melanie fragte sich, ob sie eingeschlafen war.

Plötzlich setzte sich Mrs. Carrington wieder auf. „Du scheinst mir eine kluge junge Dame zu sein. Ich werde auf deinen Rat hören. Nimm eine normale Trense." Sie küsste Big Shot ein letztes Mal und kommandierte dann mit einem kurzen Wink aus dem Handgelenk ihren Rollstuhl vorwärts.

S.J. trat neben Melanie, in jeder Hand einen Eimer mit Mash. „Du weißt, wer das ist, oder?"

„Klar. Die Besitzerin von Big Shot."

„Richtig. Und von Seattle Silver."

Melanie fiel die Kinnlade runter. „Dem letzten Kentucky-Derby-Sieger?"

„Genau dem", sagte S.J. und ging davon.

Melanie stöhnte. „Was hab ich denn jetzt nur wieder gemacht? Wieso kann ich nicht einfach meinen Mund halten und tun, was man mir sagt? Wenn Big Shot verliert, bin ich geliefert", dachte sie.

Eine halbe Stunde später brachte Melanie Big Shot zum Stall zurück, um ihm die Bandagen anzulegen. Sie wollte ihn rechtzeitig fertig machen, damit sie noch zusehen konnte, wie Vicky Celtic Mist für die Townsends ritt.

Über die Lautsprecher wurde das Ergebnis des siebten Rennens durchgegeben. Melanie befestigte die letzte Bandage, klopfte Big Shot den Hals und lief zum Sattelplatz.

Dort entdeckte sie Aileen, Cindy und Mike, die sich die Pferde im Führring ansahen, und stellte sich zu ihnen an den Zaun. „Ist Christina nicht mitgekommen?“

„Nein“, antwortete Aileen, ohne die Augen von den Pferden zu nehmen.

Mike sah Melanie von der Seite an. Er trug eine khakifarbene Arbeitshose und ein blaues Hemd mit dem Whitebrook-Schriftzug auf der Brusttasche. Sein dichtes, zerzaustes braunes Haar ließ ihn jungenhaft wirken, doch seinen zerfurchten, schwieligen Händen sah man die vielen Jahre Arbeit an. „Sie ist auf Whitebrook bei Stern. Sie will so eine neue Massage-Behandlung ausprobieren.“

„Ich habe ihr angeboten, auf ihn aufzupassen, aber sie wollte dableiben“, sagte Cindy. Sie trug einen Jeansrock, dazu einen schwarzen Rolli und Schuhe mit klobigen Absätzen. Melanie hatte sie bisher nur in Jeans oder Trainingshose gesehen und war überrascht, wie modisch und erwachsen Cindy aussah.

„Da kommt er.“ Aileen zeigte auf einen hübschen Apfelschimmel, der jetzt auf den Sattelplatz kam. Brad Townsend ging an seiner rechten Seite, ein Pfleger auf der linken. „Typisch Brad, seinen Auftritt in letzter Sekunde zu machen, um besonders Eindruck zu schinden.“

Als der Offizielle den Hengst anhielt, um die Tätowierung an der Innenseite seiner Lippe zu kontrollieren – eine registrierte Kennnummer, die jedes Vollblut bekam –, stieg der Schimmel plötzlich und schlug mit den Vorderbeinen aus. Der Pfleger zupfte energisch am Führzügel und bekam den Hengst rasch wieder in den Griff. Brad lächelte den temperamentvollen Hengst an. Offensichtlich freute ihn das aufsehenerregende Benehmen seines Pferdes.

„Er hat eine kräftige Hinterhand“, bemerkte Mike. „Aber das heißt noch nicht, dass er auch rennen kann. Brad ist überzeugt, dass er erst sämtliche Vorbereitungsrennen zum Derby abräumt und dann die Triple Crown holt.“

Aileen seufzte. „Schade, dass Whitebrook zur Zeit keinen heißen Favoriten im Stall hat, der ihm Paroli bieten könnte.“

„Was ist mit Stern?“, fragte Melanie. Sie hatten Stern doch wohl noch nicht vollständig aufgegeben.

Mike und Aileen tauschten einen Blick. „Dr. Stevens hat gesagt, es würde an ein Wunder grenzen, wenn er je wieder renntauglich wird“, antwortete Mike schließlich. „Um in einem Rennen starten zu können, muss ein Pferd in absoluter Topform sein.“

„Das stimmt, aber vielleicht unterschätzt ihr, was Christinas Einfluss noch bewirken kann“, sagte Melanie. „Sie wird Stern niemals aufgeben, und das sollten wir auch nicht!“

Mike lächelte. „Danke für deinen Optimismus, Mel. Und danke für den Sieg mit Raven.“ Er legte ihr den Arm um die Schulter und drückte sie.

„Gern geschehen“, erwiderte Melanie glücklich.

„Wie kommst du denn mit Vince zurecht?“, fragte Cindy. Bevor Melanie antworten konnte, rief sie: „Seht mal, da sind Tommy Turner und Daniel Faraday!“

„Woher kennst du die zwei?“

„Gegen Tommy bin ich an der Westküste Rennen geritten. Und Daniel Faraday ist jahrelang in Belmont geritten.“

„Kennst du auch Vicky Frontiere?“, fragte Melanie. „Sie reitet Celtic Mist für die Townsends.“

„Ich hab von ihr gehört.“

„Brad wollte eigentlich Enrico Estevan einfliegen, den Jockey, der Celtic Mist in Kalifornien zu seinem ersten Sieg geritten hat“, erklärte Mike. „Aber der Flug hatte Verspätung.“

„Vicky ist ganz aus dem Häuschen, dass sie ihn reiten darf“, sagte Melanie. „Auch wenn Brad ein aufgeblasener Blödmann ist“, fügte sie leise hinzu.

„Dann hoffen wir mal, dass Brad ihr eine Chance gibt, sich zu beweisen.“ Aileen wies mit einem Kopfnicken zu Brad, der neben Vicky ging. Er fuchtelte ihr mit erhobenem Zeigefinger vor der Nase herum, und sogar vom Zaun aus konnte Melanie seine herrische Stimme hören. Vicky war ein Profi und brauchte Brads Vorträge nicht, doch ihre Miene blieb gelassen. Offensichtlich wusste die erfahrene Reiterin, wie sie mit Besitzern wie Brad umzugehen hatte.

Melanie rieb sich gespannt die Hände. „Ich weiß gar nicht, warum ich so aufgeregt bin.“

„Da bist du nicht die Einzige.“ Mike wies auf die Menschenmenge, die sich um den Führring drängte. Als Celtic Mist vorbeimarschierte, begannen mehrere Zuschauer, zu klatschen und zu jubeln.

Aileen schüttelte ungläubig den Kopf. „Ich weiß ja, wie Brad die Werbetrommel für das Pferd gerührt hat, aber bis zum Kentucky Derby ist es noch ein weiter Weg. Bis dahin kann noch viel passieren.“

Melanie sah das genauso. Es konnte noch sehr viel passieren. Stern konnte zu alter Form auflaufen und Celtic Mist in den Vorbereitungsrennen zum Derby schlagen. Selbst, dass Image im Derby startete, war nicht vollkommen ausgeschlossen.

Während sie Aileen, Mike und Cindy zur Tribüne folgte, malte sich Melanie aus, wie Image die Bahn hinunterflog. Die Stute führte das Feld an, und die Menge tobte. „Komm wieder runter", schimpfte Melanie mit sich selbst. „Image wird auf Townsend Acres landen und Fohlen bekommen."

Bei den Privatlogen entdeckte Melanie Lavinia Townsend, Brads Frau.

„Also, unser Hengst ist doch das schönste Tier dort unten, nicht wahr?", flötete Lavinia zu der vornehmen Gesellschaft um sie herum.

Melanie holte Cindy ein. „Wahrscheinlich weiß Lavinia gar nicht, um was für ein Tier es sich genau handelt", flüsterte sie, und Cindy lachte schallend.

An der Bar bestellte sich Melanie ein Mineralwasser und ging zu den für Whitebrook reservierten Plätzen.

Mittlerweile war auch Ian zu den anderen gestoßen. „Dieser Townsend-Hengst sieht verdammt gut aus", bemerkte er, als Celtic Mist an der Tribüne vorüber zur Startmaschine zog. Vicky im Sattel sah ruhig und konzentriert aus.

„Ja, aber die anderen sehen auch nicht gerade aus wie lahme Klepper", entgegnete Mike.

Melanie nippte an ihrem Wasser, während ein Pferd nach dem anderen in die Startmaschine einrückte. Sie hatte leichte Gewissensbisse, weil sie eine Arbeitspause machte. Wenn das Rennen vorbei war, musste sie sofort wieder zurück zum Stall und sich um Big Shot kümmern. Doch sie konnte sich das Rennen auf keinen Fall entgehen lassen.

„Jetzt bezieht die Nummer vier ihre Box: Celtic Mist!", schallte der Kommentar über die Tribüne. „Sollte dieser kalifornische Hengst Wunders Stern als neue Derby-Hoffnung von Townsend Acres ablösen?"

„Unfassbar, was die für einen Wirbel um das Pferd machen", entrüstete sich Aileen. „Dabei ist Celtic Mist bis jetzt noch nie in Kentucky gelaufen."

„Brad ist ein einflussreicher Mann", erklärte Mike. „Und er weiß genau, wie das Geschäft läuft. Die Rennbahn hat sehr vom Medienrummel um den ‚Hengst aus Kalifornien' profitiert. Kartenverkäufe und Wetteinnahmen sind in die Höhe geschnellt. Und indem sie sein Pferd so groß ankündigen, revanchieren sich die Betreiber der Rennbahn dafür."

„Der Zustand des Bodens ist gut, beste Voraussetzungen für die Blue Blood Stakes", fuhr der Kommentator fort. „Nach dem Rennen werden wir die heutige Siegzeit mit der Siegzeit der Laurel Stakes vom vergangenen Monat vergleichen. Wie Sie sich sicher erinnern, Sieger in dem Rennen war Wunders Stern. Heute wird Kentucky vielleicht einen neuen Spitzenhengst krönen!"

„Mir ist piepegal, wie viel Geld die Rennbahn scheffelt", murrte Melanie. „Ich finde, jemand sollte dem Ansager seine große Klappe stopfen."

„Ich bin nur froh, dass Christina nicht hier ist", bemerkte Cindy, und Melanie musste ihr zustimmen.

„Die Pferde sind in der Startmaschine!", rief der Kommentator. Sofort wurde das Publikum mucksmäuschenstill. Dann schellte die Glocke, und Melanie schlug das Herz bis zum Hals, als die Pferde aus den Boxen schossen.

„Celtic Mist erwischt den besten Start! Dicht dahinter Far East, Lenny Two an dritter Stelle. Fortune's Way und Demonic starten etwas holprig, doch sie können bereits Boden gutmachen ..."

Melanie blendete den Kommentar aus. Ihr Blick war fest auf den einzigen Schimmel in dem Feld aus Füchsen und Braunen geheftet. Ein Teil von ihr wünschte Vicky den Sieg. Ein anderer Teil wünschte den Townsends eine Niederlage.

Nach einer halben Runde um die Bahn hatte sich Celtic Mist seine Position an den Rails gesichert. Er lag eine Pferdelänge in Führung und rannte schnell und kraftvoll, obwohl Vicky ihn zurückhielt. Noch erstaunlicher war, dass der Hengst seine Führung immer weiter ausbaute.

In der Townsend-Loge winkte und jubelte Lavinia wie ein Cheerleader. Melanie hatte die versnobte, unterkühlte Frau sich noch nie so albern aufführen sehen. „Wenn Lavinia nicht aufpasst, ruiniert sie sich noch ihre Frisur“, flüsterte Melanie Cindy zu.

„Wenn sie nicht bald die Klappe hält, tu ich das für sie“, flüsterte Cindy zurück.

Die Stimme des Kommentators schallte wieder über die Bahn. „Auf der Schlussgeraden setzt Far Easts Jockey die Peitsche ein, doch an Celtic Mist kommt niemand mehr heran. Unerreichbar stürmt er auf das Ziel zu – und scheint sich dabei nicht mal anzustrengen!“

Mike schüttelte den Kopf. „Was für ein Galopp.“

„Celtic Mist siegt leicht mit drei Längen Vorsprung vor Far East auf dem zweiten Platz, Dritter wird Fortune’s Way. Noch ist es nicht offiziell, aber wir haben einen neuen Bahnrekord über die 2400 Meter!“

„Oh nein.“ Melanie schluckte kräftig, als sie die Zeit hörte. „Zwei Sekunden schneller als Stern.“

„Das heißt aber nicht ...“, begann Aileen.

„Ja! Ja!“ Aileens Worte gingen in Lavinias Kreischen unter.

„So, ich muss zurück zu meinem Pflegerjob", sagte Melanie. „Vicky reitet für Vince Big Shot im zehnten Rennen."

Cindy runzelte die Stirn. „Pflegerjob? Ich dachte, du reitest für Vince."

„Das erzähle ich dir später." Eilig verließ Melanie die Tribüne und ging zu Big Shots Box.

Sie kontrollierte seine Bandagen, zog die Decke herunter und wischte noch einmal mit einem weichen Tuch den letzten Staub vom Fell.

„Und dass du mir ja gut läufst", ermahnte sie ihn, als sie ihm die Trense überstreifte. „Sonst gibt es keine Möhren mehr von Mrs. Carrington."

Big Shot stampfte mit dem Huf, als wollte er widersprechen. Als Melanie ihn aus der Box führte, tänzelte er eifrig neben ihr her. Sie führte ihn herum und streichelte ihn beruhigend, bis die Starter im zehnten Rennen zu den Sattelboxen gerufen wurden.

Bevor sie losging, blieb sie noch einmal vor Images Box stehen. Die Stute blickte durch den Maschendraht heraus. Wenn das zehnte Rennen vorbei war, würde es bereits Abend sein. Melanie würde Big Shot noch führen, waschen und striegeln müssen. Das würde mindestens eine Stunde dauern. Danach musste sie noch diverse Boxen ausmisten und Pferdebeine bandagieren.

Melanie steckte den Finger durch den Maschendraht und streichelte Images Nüstern. „Ich verspreche dir, ich finde heute noch Zeit für dich. Egal, wie spät es wird."

„Und egal, wie müde ich bin", fügte sie bei sich hinzu, als sie Big Shot zur tierärztlichen Kontrolle führte.

Anschließend beeilte sich Melanie, mit dem Pferd zum Sattelplatz zu kommen. Ein Mitarbeiter der Rennbahn gab ihr die Plakette mit der Nummer fünf, die sie an der Trense befestigte. „Das ist Big Shot“, sagte sie zu einem Mann mit einem Klemmbrett in der Hand. Der Mann kontrollierte die Tätowierung des Pferdes an und winkte sie durch. Melanie führte den Hengst um den Führring. An der Box Nummer fünf stand Vicky und unterhielt sich mit Vince. Melanie hielt den Atem an, als Vince in ihre Richtung schaute. Jeden Moment konnte er das Gebiss bemerken.

„Du kannst froh sein, du hast den besten Jockey hier abbekommen.“ Melanie plapperte mit dem Pferd, um sich selbst zu beruhigen. „Da ist Harte Hand Hamrick. Keine Sorge, er reitet heute jemand anderen. Und sieh mal da, was der Fuchs für Hinterbeine hat – er ist fassbeinig; und der da mit der Blesse pfeift jetzt schon auf dem letzten Loch. Die schlägst du doch alle mit links.“

Der Hengst rollte die Augen, tänzelte ein bisschen und schlug nach hinten aus. Doch nicht aus Widersetzlichkeit, dachte Melanie, sondern nur, weil er so energiegeladen war. Mit der Wassertrense würde er wunderbar laufen, da war sie sicher. Wenn Vince das nur auch so sähe ...

Nach ein paar Runden um den Ring führte Melanie Big Shot in die Box Nummer fünf. „Herzlichen Glückwunsch zu deinem Sieg!“ Sie klatschte der strahlenden Vicky in die erhobene Hand. „Wie war Celtic Mist zu reiten?“

„Fantastisch. Wie Rennauto fahren. Und ich brauchte das Gaspedal kaum zu berühren.“

„Wirklich? Schade, dann kann ich Christina nicht erzählen, das Pferd sei wie ein alter Ackergaul gelaufen.“ Melanie strich die grün-schwarze Satteldecke über Big Shots Rücken glatt und nahm Vicky den Sattel ab. „Wo ist Vince?“, fragte sie mit einem nervösen Blick über die Schulter.

„Er hat noch ein anderes Pferd laufen. Den in Box neun. Der Pfleger hat Schwierigkeiten mit ihm.“

„Gut.“ Zögernd erzählte Melanie Vicky von dem Gebiss. Die Reiterin machte große Augen. „Du hast einfach Vinces Anweisungen ignoriert?“

„Ich habe es mit der Besitzerin abgesprochen“, verteidigte sich Melanie.

Vicky schüttelte den Kopf. „Vince wird ausrasten.“

„Nicht wenn Big Shot gewinnt.“ Melanie sah Vicky vielsagend an.

„Soll das eine Drohung sein?“, fragte Vicky lachend.

„Allerdings.“ Melanie grinste, doch im Inneren fing sie an, sich ernsthaft Sorgen zu machen. Vicky hatte recht. Sie hätte Vince fragen müssen, ob sie das Gebiss auswechseln durfte. Doch Vince hätte bestimmt nein gesagt, und sie war sich doch so sicher, dass Big Shot mit der Wassertrense besser laufen würde. Jetzt konnte sie nur noch hoffen, dass sie recht behalten würde.

Als sie Big Shot aus der Sattelbox führte, kam Vince mit finsterer Miene auf sie zu. Melanie tat so, als hätte sie ihn nicht gesehen und ging in die andere Richtung.

„Reiter aufsitzen!“, rief der Sattelplatzaufseher.

Vince kam herüber und gab Vicky die letzte Rennorder. Melanie blieb nichts anderes übrig, als bei ihnen stehenzubleiben.

Vince musterte stirnrunzelnd den Hengst. „Warum hat das Pferd keine Aufziehtrense im Maul?“, wollte er wissen.

„Oh, ich hasse diese scharfen Dinger“, sagte Vicky schnell. „Ich bin froh, dass er keine drin hat.“

„Melanie?!“ Vince starrte sie mit bohrendem Blick an, als hätte er Vicky nicht gehört.

„Ähm ... nun ja ... Mrs. Carrington und ich ...", stammelte Melanie.

„Mrs. Carrington?"

„Nummer fünf, Beeilung bitte", rief der Sattelplatzaufseher.

„Das sind wir." Melanie setzte ein Lächeln auf.

Vince drohte ihr mit dem Zeigefinger. „Wir sind noch nicht fertig, Miss Graham!"

„Ja, Mr. Jones." Melanie sackte das Herz in die Hose.

„Keine Sorge, Big Shot und ich machen das schon", sagte Vicky, als der Trainer gegangen war. „Vince hat die Geschichte ganz schnell vergessen."

Melanie seufzte. „Das bezweifle ich – ich meine nicht, dass du und Big Shot das schafft, sondern dass Vince die Sache vergisst."

Am Tor hakte Melanie den Führzügel los, wünschte Vicky viel Glück und trat zurück.

„Melanie!", schallte Cindys Stimme von irgendwo außerhalb des Führrings.

Melanie ließ den Blick über die Menschen schweifen. Schließlich entdeckte sie Cindys winkenden Arm. Sie winkte zurück und folgte dann den anderen Pflegern und Trainern vom Sattelplatz. Vince war bereits weg.

„Na, hattest du die Nase voll von der Schwärmerei von Celtic Mist?", stichelte Melanie, als sie auf Cindy stieß. Sie konnte nicht anders – dass Brads Pferd gewonnen hatte, tat ihr ehrlich leid.

Cindy verzog das Gesicht. „Du hättest Brad mal hören sollen. Er hat so laut geprahlt, dass man meinen konnte, er wäre das Rennen selbst geritten."

Melanie brach in Gelächter aus.

„Dein Pferd sieht gut aus“, meinte Cindy. „Ist das nicht dieselbe Reiterin wie auf Celtic Mist?“

Melanie nickte. „Ja. Vicky.“

„Wow. Die muss ja dick im Geschäft sein hier in Kentucky.“ Cindy klang fast ein wenig neidisch.

„Ja, das ist sie“, stimmte Melanie ihr zu. „Vorher ist sie in Kalifornien geritten. Letztes Jahr ist sie hierher gezogen. Ich glaube, sie und Aileen waren ziemlich gut befreundet, als Aileen auch noch geritten ist.“

„Also, warum reitest du nicht für Vince?“, fragte Cindy. „Ich habe dich auf Raven gesehen. Du warst super!“

Melanie wurde rot. Ein Kompliment von einer erfahrenen Reiterin wie Cindy bedeutete viel. „Der Pflegerjob ist die einzige Möglichkeit, mit Image zusammen zu sein.“ Während sie durch die Menge gingen, erzählte Melanie Cindy die ganze Geschichte.

Cindy schüttelte den Kopf. „Ich verstehe ja deine Beweggründe, aber wenn du und Christina je als Profis Erfolg haben wollt, dann müsst ihr euch aufs Reiten konzentrieren.“

Melanie nickte schweigend. Sie wusste, dass Cindy recht hatte, doch sie hätte ihre Zeit mit Image für nichts in der Welt hergegeben.

Als sie die Rails erreichten, beugte sich Melanie über den Zaun und suchte nach Big Shot. Offenbar sah sie besorgt aus, denn Cindy fragte: „Stimmt was nicht?“

Melanie erzählte Cindy die Sache von dem getauschten Gebiss.

Cindy machte eine abwinkende Handbewegung. „Zu viele Trainer halten sich für Gott. Für mich klingt das, als hättest du eine kluge Entscheidung getroffen. Wenn Vince dich feuert, ist er selber schuld. Aber sehen wir doch zu. Dein Hengst macht sich bestimmt prima."

„Der Start ist nun erfolgt!" Beim Ruf des Kommentators schrak Melanie auf. Sie spähte an den Zuschauern vorbei, die über den Rails hingen. Das Feld donnerte in einem Pulk aus Braun und Schwarz die Gerade herunter. Da Big Shot ein Brauner war, war er schwer auszumachen. Endlich entdeckte Melanie Vickys grün-schwarzen Helm. Big Shot lief an der Außenseite des Feldes und lag weit zurück.

Big Shot galoppierte mit gemächlichen Sprüngen, als hätte er alle Zeit der Welt. Melanie verzog das Gesicht. Wenigstens wehrte sich der Hengst nicht gegen Vicky, obwohl das auch wenig Trost war, wenn er als Letzter ins Ziel kam.

„Ich bin erledigt", murmelte sie.

„Quatsch. Das Rennen geht über 2400 Meter", stellte Cindy fest. „Da kann noch viel passieren."

Die Pferde stürmten die Gegengerade hinunter. Melanie sah kurz etwas Grün-Schwarzes aufblitzen, nahe der Mitte des dicht gedrängten Feldes. Wenigstens war Big Shot nicht noch weiter zurückgefallen.

Als die Pferde um den Bogen galoppierten, zog sich das Feld in die Länge. Zwei führende Pferde kämpften um einen Platz an den Rails. Die anderen Pferde rannten dahinter.

Melanie reckte den Hals, um Big Shot zu sehen. Dann entdeckte sie ihn. Er lief immer noch an der Außenseite. Locker und gleichmäßig galoppierte er auf die Ziellinie zu, als würden die anderen Pferde gar nicht existieren. Er schien sein eigenes, privates Rennen zu laufen. Vicky kauerte ruhig über seinem Rücken.

„Komm, Big Shot!", rief Melanie. „Los!"

Als der Hengst näher kam, sah Melanie, wie Vicky kaum

merklich das Gewicht verlagerte und die Hände am Pferdehals nach vorn schob. Big Shot reagierte und verlängerte seinen Galoppsprung.

„Doch Moment mal. An der Außenseite greift jetzt die Nummer fünf an, Big Shot. Das Pferd ist im Besitz von Ruth Carrington, die bereits mit einem Derby-Sieger berühmt wurde. Er schiebt sich an dem Pferd auf dem dritten Platz vorbei – jetzt liegt er Kopf an Kopf mit Opera Star. Angel Adkins, die Reiterin auf dem führenden Pferd, Premier, spürt den Druck von hinten. Sie setzt die Peitsche ein, doch der Hengst reagiert nicht. Vicky Frontiere reitet ihr Pferd ungerührt ins Ziel. Big Shot siegt mit einer halben Länge Vorteil!"

Melanies Herz machte einen Sprung. „Ja!" Sie reckte die Faust in die Luft und hüpfte auf und ab. Big Shot hatte gewonnen! Sie hatte recht gehabt mit dem Gebiss!

„Was hab ich gesagt?" Auch Cindy strahlte. „Vince sollte sich bei dir bedanken."

„Ich muss ihn zum Siegerring führen", sagte sie atemlos zu Cindy. „Bis nachher!"

Melanie bahnte sich ihren Weg durch die Menge und eilte zum Tor. Das Glück war auf ihrer Seite, dachte sie – erst Ravens Sieg, dann Big Shots. Vince musste das doch auch aufgefallen sein.

Die Pfleger der Pferde, die sich nicht platziert hatten, strömten auf das Geläuf, um ihre schweißgebadeten Schützlinge in Empfang zu nehmen. Vicky und Big Shot trabten unter dem Jubel der Zuschauer an der Tribüne vorbei.

Immer noch grinsend, lief Melanie auf das Geläuf. „Herzlichen Glückwunsch!", rief sie, als Vicky zu ihr zurücktrabte. Vicky parierte Big Shot zum Halten durch, und Melanie hakte den Führzügel an seine Trense. „Das war ein klasse Ritt."

Vicky sprang aus dem Sattel und ging neben Melanie her, die den Hengst durch das Tor in den Absattelring des Siegers führte. „Er ist gelaufen wie ein junger Gott", sagte sie grinsend. „Zuerst dachte ich, Stan hätte recht gehabt und der Hengst wäre träge. Aber dann habe ich gemerkt, dass er einfach nur ganz cool abgewartet hat, bis ich ihn nett bitte, einen Zahn zuzulegen. Und wie er zugelegt hat!", fügte sie atemlos hinzu und umarmte Melanie.

„Du warst toll", sagte Melanie ernst. Sie löste den Gurt, und ein Helfer lief herüber, um den Sattel abzunehmen.

„Ich nehme Big Shot", sagte jemand schroff.

Als sich Melanie umdrehte, hatte Vince Jones ihr schon den Führzügel aus der Hand genommen.

„Und nachher sehe ich dich in meinem Büro", fügte er mit hochgezogenen Augenbrauen hinzu. Ohne ein weiteres Wort führte er den Hengst in die Mitte des Siegerrings. Vicky hatte den Sattel genommen, stand auf der Waage und scherzte mit dem Auswieger.

Melanie stieg das Blut in den Kopf. Sie hätte wissen müssen, dass es Vince nicht darauf ankam, ob Big Shot gewonnen oder verloren hatte. Sie hatte seine Anweisungen missachtet, und wenn er sie jetzt feuerte, war das sein gutes Recht.

Mit hängenden Schultern ging Melanie zu den Stallungen. Sie hatte Mist gebaut. Jetzt konnte sie sich nur noch von Image verabschieden, solange sie noch die Gelegenheit dazu hatte.

Kapitel 7

Als sie Stall fünfzehn erreichte, stand S.J. draußen vor Images Box. Er hatte eine Mistgabel in der Hand, und sein Gesicht war rot und verschwitzt. Auf seinem T-Shirt stand: *Der Weltuntergang ist nah.*

Melanie konnte nur zustimmen. „Hallo, S.J. Mit Image alles in Ordnung?“ Sie spähte durch den Maschendraht. Image hatte sich mit angelegten Ohren vor der Boxentür aufgepflanzt.

S.J. rieb sich den Oberarm. „Mit ihr ja. Mit mir nicht. Als ich rein bin, um die Box auszumisten, ist sie einfach auf mich losgegangen.“ Er schob seinen Ärmel hoch und zeigte Melanie die Bissspuren.

„Das ist ja furchtbar.“ Es gab tatsächlich nichts Schlimmeres für einen Pfleger, als in der Enge einer Box mit einem Pferd arbeiten zu müssen, dem man nicht trauen konnte. Melanie konnte kaum glauben, dass sich Image so schlecht benommen hatte.

S.J. drückte ihr die Mistgabel in die Hand. „Da. Dich mag sie.“

Melanie nahm die Mistgabel, und S.J. stapfte davon. Als sie in die Box sah, hatte Image die Ohren nach vorn gestellt und schlug mit dem Kopf, als wäre sie sehr zufrieden mit sich.

„Das war nicht lustig, Image", schalt Melanie das Pferd. „Du sollst Vince und Fredericka zeigen, dass du dich besserst. Was ist, wenn sich S.J. über dich beschwert? Außerdem wird Vince mich sowieso feuern. Das heißt, du musst nett zu den anderen Pflegern sein, sonst lassen die dich in deinem Mist verrotten."

Melanie öffnete die Riegel der Boxentür und ging hinein. „Ich habe eine Dummheit gemacht, und jetzt ist Vince sauer." Sie streichelte den seidigen Hals der Stute. „Aber ich konnte Big Shot einfach kein scharfes Gebiss ins Maul stecken. Er ist fast so süß wie du, mein Schatz."

Image gab ihr mit dem Kopf einen Schubs.

„Jetzt muss ich dir wohl auf Wiedersehen sagen." Ein Kloß bildete sich in Melanies Hals, und sie wuschelte der Stute durch den Schopf. „Ach, egal, was passiert, ich komme zurück, miste deine Box aus und gehe mit dir spazieren. Du musst ja schon einen Koller bekommen hier drin. Aber jetzt kann ich leider noch nicht. Big Shot wird jeden Moment hier sein, und ich muss mich auch um ihn kümmern. Das ist mein Job. Zumindest, solange ich ihn noch habe." Sie küsste Image zwischen die Nüstern und verließ sie schnell, bevor sie noch in Tränen ausbrach.

Sie ging in Big Shots Box, schüttelte das Stroh auf und verteilte es ordentlich. Dann füllte sie frisches Wasser in seinen Eimer und stellte ihn neben die Tür. Als das erledigt war, holte sie seine Abschwitzdecke und sein Putzzeug und legte die Sachen ebenfalls an der Boxentür bereit. Als Letztes füllte sie einen Eimer mit warmem Wasser, gab etwas Shampoo dazu und sah nach, ob der Wasserschlauch angeschlossen war. Das Fell des Hengstes würde von Dreck und getrocknetem Schweiß verklebt sein.

Als Vince Big Shot zum Stall brachte, schleifte das Pferd vor Müdigkeit fast mit der Nase über den Boden. Jemand hatte ihm lose eine Abschwitzdecke übergeworfen, und sein Schritt war langsam. Das lange Rennen hatte dem sonst so ungestümen Hengst viel abverlangt.

Bevor Vince Melanie erreichte, drückte er Julio den Führzügel in die Hand. „Zwei Liter Kleie-Mash", ordnete er an. „Umschläge unter die Stallbandagen. Und sorg dafür, dass die Pflegerin es diesmal richtig macht."

Melanie schoss das Blut ins Gesicht. Vince hatte nicht einmal in ihre Richtung geschaut.

Als Julio Big Shot zu ihr brachte, sagte Melanie schnell: „Ich habe gehört, was er gesagt hat. Ich mache alles richtig."

Julio zog eine Augenbraue hoch. „Das hoffe ich auch", brummte er und ging davon.

Big Shot schubberte sich den Kopf an ihrer Schulter, und Melanie kraulte ihn unter dem Backenriemen seiner Trense. „Schönes Rennen, Großer. Ein gewisser Jemand hätte ja auch mal was Nettes sagen können, anstatt nur herumzumeckern."

Sie schlug die Decke hoch und löste den Sattelgurt. „So. Dann machen wir es dir mal gemütlich."

Nachdem Melanie Big Shot abgesattelt hatte, nahm sie seine Rennbandagen ab, wusch ihn unter dem Bauch und zwischen den Beinen und legte ihm die Abschwitzdecke wieder über. Sie ließ ihn fünf große Züge Wasser trinken und begann dann, ihn zu führen. Er musste vollständig abgekühlt sein, bevor sie ihn abspritzen konnte.

Um sich die Zeit zu verkürzen, führte Melanie das Pferd zu dem Stall, in dem Whitebrook fünf Boxen gemietet hatte. Joe Kisner saß auf einem Stuhl vor einer Box und las in einer Zeitschrift.

„Lass dich nicht von Aileen erwischen, wie du hier faulenzt“, scherzte Melanie.

„Ich bin fertig für heute.“ Joe zuckte müde mit den Schultern. Er ließ die offene Zeitschrift auf seinen Schoß sinken und musterte Big Shot. „Ist das der Hengst, der gerade gewonnen hat?“

Melanie nickte. „Was macht Raven?“

„Frisst wie ein Pferd.“ Er schnippte mit den Fingern. „Ach, sie ist ja ein Pferd! Herzlichen Glückwunsch übrigens zu deinem Sieg. Aileen war so glücklich. Eigentlich wollte sie dieses Wochenende drei Pferde ins Rennen schicken, aber ich glaube, Ravens Sieg hat das alles wett gemacht.“

„Danke.“ Melanie steckte den Kopf in Ravens Box, doch die zierliche Stute war zu beschäftigt mit ihrem Heu, um Notiz von ihr zu nehmen. „Ich muss Big Shot in Bewegung halten“, sagte sie. „Bis dann, Joe.“

Melanie führte den Hengst weiter. Auf dem Rückweg zu Stall fünfzehn, entdeckte sie Alexis.

Fredericka's Gestütsleiterin ging mit schnellen Schritten, den Blick zu Boden gerichtet. Dann sah sie kurz über die Schulter und huschte um die Ecke eines Stalls.

Neugierig geworden folgte Melanie ihr.

Sie hörte leise Stimmen, blieb stehen und lauschte. Sie wusste, dass es nicht richtig war, jemandem hinterherzuspionieren, doch sie musste einfach wissen, was Alexis im Schilde führte.

Melanie spähte um die Ecke des Gebäudes. Alexis stand mit dem Rücken zu ihr und redete mit einem älteren, gut aussehenden Mann mit stahlgrauem Haar. Melanie hatte ihn schon oft auf den Rennbahnen von Turfway und Churchill Downs gesehen. Der Mann trug ein elegantes blaues Sakko und Slipper mit Lederquasten.

Als Melanie gerade wieder verschwinden wollte, zog der Mann einen Umschlag aus der Innentasche seiner Jacke und reichte ihn Alexis. Ohne den Umschlag zu öffnen, steckte Alexis ihn in ihre Lederhandtasche.

Da schnaubte Big Shot plötzlich. Melanie fuhr zusammen. Der Mann blickte auf, und Alexis drehte sich um. „Ah, hatte ich doch richtig gesehen, dass du das bist, Alexis", sagte Melanie schnell. Mit klopfendem Herzen führte sie Big Shot um die Ecke. „Hast du Big Shots Rennen gesehen? Er ist super gelaufen bei Vicky. Vince war sehr zufrieden", plapperte sie drauflos.

Alexis sah verärgert aus. Melanie wusste, dass sie sich völlig idiotisch anhörte, doch ihr war spontan nichts Besseres eingefallen. Sie streckte dem Mann ihre Hand entgegen. „Hallo, ich bin Melanie Graham, Aileen Griffens Nichte", stellte sie sich vor.

„Thomas Blakely", sagte der Mann.

„Der Besitzer von Fairleigh Farm?" Fairleigh war ein großes Gestüt bei Louisville.

„Ja, das stimmt."

„Ich kenne Mr. Blakely aus Kalifornien", erklärte Alexis. „Mein ehemaliger Arbeitgeber hat mehrere seiner wundervollen Jährlinge gekauft." Sie grinste überheblich.

„Tatsächlich?" Melanie bemühte sich, beeindruckt auszusehen.

„Also dann, danke für alles, Alexis. Miss Graham." Mr. Blakely neigte den Kopf. „Grüßen Sie Aileen und Mike von mir. Ach, und Alexis, sagen Sie Fredericka, ich werde mich bald bei ihr melden."

Als Thomas Blakely gegangen war, sagte Alexis: „Ich muss auch los. Ich bin mit Fredericka in ihrer Loge auf der Tribüne verabredet. Sie hat sich ja heute wegen Image mit Vince getroffen", fügte sie hinzu, und ihr Mund verzog sich zu einem schmalen Lächeln.

„Ich weiß", entgegnete Melanie. „Sie hat ihm erzählt, dass Brad ihr ein Angebot gemacht hat, das sie nicht angenommen hat." Sie sah Alexis von der Seite an und versuchte, ihre Reaktion einzuschätzen.

Alexis zuckte die Achseln, als ginge sie das nichts an, doch ihre Mundwinkel bewegten sich leicht nach unten. Alexis wollte schon länger, dass Fredericka Image an Brad verkaufte, doch Melanie war sich nicht sicher, wieso sie so ein großes Interesse daran hatte.

„Vielleicht ändert sie ihre Meinung noch. Es ist ein großzügiges Angebot für ein rohes Pferd. Also, bis später dann", sagte Alexis schnell und eilte in Richtung Tribüne davon.

Melanie führte Big Shot langsam weiter und sah Alexis nach. Woher hatte sie gewusst, was für ein Angebot Brad gemacht hatte? Hatte Fredericka es ihr erzählt?

Sie wandte sich um und fühlte die Brust des Hengstes. Er war kühl und trocken. „Zeit für dein Bad", sagte sie zu ihm. „Und dann muss ich in die Höhle des Löwen und mit Vince reden."

Eine Stunde später war Big Shot sauber und trocken. Melanie saß in der Hocke und bandagierte sein Vorderbein, als Julio sie unterbrach. „Ich mache das fertig. Du sollst zu Vince ins Büro kommen", sagte er.

Melanie richtete sich auf. Ihr Rücken schmerzte, und ihre Jeans war nass. Es war fast halb acht Uhr abends, und sie hatte nichts mehr gegessen, seit Aileen ihr das Sandwich gekauft hatte. Es kam ihr vor, als wäre das Tage her.

Sie reichte Julio die Tücher und Bandagen. „Pass auf, dass du alles richtig machst“, zog sie ihn auf.

Langsam schlurfte Melanie zum Büro. Als sie eintrat, saß Vince an seinem Schreibtisch. Überrascht stellte Melanie fest, dass Fredericka auch da war. Sie versuchte, im Gesicht der Frau zu lesen. War sie hier, um ihr mitzuteilen, dass sie Brads Angebot angenommen hatte? Doch Fredericka sah so gefasst aus wie immer. Sie nickte Melanie freundlich zu.

„Danke, dass du gekommen bist“, sagte Vince und beugte sich vor. Er hielt inne, strich sich übers Kinn und musterte Melanie. „Wie du ja weißt, ist Image etwas ... schwierig.“

Melanie war verwirrt. Sie hatte gedacht, Vince hätte sie wegen Big Shots Gebiss in sein Büro gerufen. Warum redete er jetzt über Image?

Vince verschränkte die Hände und stützte die Ellbogen auf den Tisch. „Und nach diesem letzten Vorfall war klar, dass Fredericka und ich uns unterhalten müssen.“

Das war es also. S.J. war so verrückt gewesen, Vince von der Sache zu erzählen. „Sie hat ihn doch gar nicht so fest gebissen“, sagte Melanie.

Vince hob eine Augenbraue. „Gebissen? Davon weiß ich nichts. Ich rede davon, dass Image Kleinholz aus ihrer Boxentür gemacht hat.“

„Was? Aber ich habe vor einer halben Stunde erst nach ihr gesehen“, stieß Melanie hervor.

„Vor etwa einer Viertelstunde hat sie mit einem Hinterhuf geradewegs durch die Tür geschlagen. Bis auf einen kleinen

Kratzer hat sie nichts abbekommen. Wir mussten sie in eine andere Box stellen." Vince schüttelte den Kopf, als hätte er endgültig die Nase voll von diesem Pferd.

„Das macht sie nur, weil sie es hasst, wenn sie ..."

„Lass Vince bitte ausreden", unterbrach Fredericka sie.

„Entschuldigung." Melanie senkte den Blick.

„Keiner meiner Leute mag mit ihr arbeiten", fuhr Vince fort. „Und wer weiß, wie lange es dauert, bis sie aus ihrer neuen Box ausbricht."

„Das verstehe ich ja, aber ...", begann Melanie wieder, die nicht anders konnte, als Image zu verteidigen, doch als sie Vinces strenges Gesicht sah, verstummte sie.

„Nach langem Überlegen haben Fredericka und ich eine Entscheidung getroffen, die unserer Meinung nach das Beste für Image ist", sagte Vince in einem ernsten Ton. „Fredericka, möchten Sie es ihr erklären?"

„Ja." Fredericka spitzte den Mund und holte dann tief Luft. Diesmal konnte Melanie in ihrem Gesicht lesen. Und dort stand das Schlimmste ... Fredericka würde Image an Brad verkaufen.

„Ich werde Image zurück nach Tall Oaks holen", sagte Fredericka.

Tränen schwammen in Melanies Augen. „Image wird in die Zucht gehen. Niemand wird je erfahren, was für ein Rennpferd sie hätte sein können", dachte sie.

„Ich habe lange darüber nachgedacht, was du vor ein paar Tagen gesagt hast", fuhr Images Besitzerin fort.

„Wahrscheinlich werde ich sie nie wiedersehen", dachte Melanie.

„Melanie? Hörst du mir eigentlich zu?", fragte Fredericka.

Melanie schüttelte den Kopf. „Nein, es tut mir leid. Ich kann nicht, ich bin zu aufgewühlt."

Fredericka stand auf, ging zu Melanie herüber und nahm sie in den Arm. Diesmal lächelte sie. „Ich habe gesagt, ich möchte, dass du nach Tall Oaks kommst und dort mit Image arbeitest."

Melanie blinzelte verwirrt. „Was?"

„Sogar Vince meint, dass du einen ganz besonderen Zugang zu meiner Prinzessin hast. Daher werde ich deinen Rat befolgen. Image kommt zurück nach Tall Oaks. Du wirst dort eine Woche mit ihr arbeiten und sie auf die Arbeit auf der Rennbahn vorbereiten. Wenn Image so weit ist, dass sie auf einer Trainingsbahn laufen kann, wird sie nach Whitebrook umziehen. Ich habe heute Nachmittag schon mit Aileen und Mike gesprochen. Sie halten das für eine sehr gute Idee."

„Was?", sagte Melanie wieder. Sie war so perplex, dass sie sich nicht sicher war, ob sie richtig gehört hatte.

„Natürlich muss es eine Grenze geben", fügte Fredericka hinzu. „Ich kann nicht ewig warten, bis sich meine Prinzessin beruhigt. Ich gebe dir noch eine Woche auf meinem Gestüt. Wenn du mir nicht zeigen kannst, dass Image das Zeug zu einem Rennpferd hat, dann kann es vermutlich niemand. Dann muss ich den Tatsachen ins Auge sehen und den Plan mit Whitebrook vergessen. Und ich werde Brads Angebot annehmen müssen."

Melanies Augen wurden riesengroß. Sie fasste Fredericka Hände und drückte sie aufgeregt. „Und das ist wirklich Ihr Ernst? Das ist kein schlechter Witz?"

„Nein, das ist mein Ernst."

„Das ist ja toll!", rief Melanie begeistert und verwundert

zugleich. Dass es so kommen würde, hätte sie sich niemals träumen lassen!

Dann begegnete Melanie Vinces Blick. Als sie seine finstere Miene sah, hielt sie ihre Begeisterung im Zaum. „Schimpfen Sie nicht noch mit mir wegen der Sache mit dem Gebiss?“

„Nein“, antwortete Vince fast widerstrebend. „Mrs. Carrington hat klargestellt, dass es ihre Idee war und du nur ihre Anweisungen befolgt hast. Und niemand widerspricht Mrs. C. Nicht mal ich.“ Obwohl der Trainer niemals lächelte, war Melanie, als sähe sie ein belustigtes Funkeln in seinen Augen. „Was Image betrifft, habe ich nur noch eins zu sagen“, sagte er ernst und blickte von Fredericka zu Melanie.

„Was?“, fragte Melanie mit Herzklopfen.

Vince versuchte, so grimmig dreinzublicken wie immer, doch dann verzog sich sein Mund doch zu einem Grinsen. „Schaff mir dieses Pferd aus dem Stall, bevor noch all meine Pfleger kündigen!“

Kapitel 8

„Wir sind fast da“, sagte Melanie aufgeregt.

Sie fuhren nach Tall Oaks. Nach Hause.

„Was meinst du – ob dein alter Freund Pirate dich wiedererkennt?“, fragte Melanie die Stute. Pirate war das blinde ehemalige Rennpferd, das auf Whitebrook bei der Ausbildung der jungen Pferde half. „Joe hat ihn gestern nach Tall Oaks gebracht, damit er da ist, wenn du kommst. Sobald du dich eingewöhnt hast, werden Pirate und ich dich wieder als Handpferd nehmen. Das üben wir ein bisschen, und dann fange ich an, dich zu reiten. Kevin wird mir helfen – wenn er Zeit hat.“

Melanie spürte, wie der Transporter seine Fahrt verlangsamte. Sie stand auf und spähte aus dem kleinen Seitenfenster. „Wir sind schon an der Einfahrt!“

Als das Fahrzeug den Weg hinaufrumpelte, nahm Melanie den Führstrick und hakte ihn an Images Halfter. Die Stute versuchte, nach vorn zu springen, und Melanie legte ihr beruhigend die Hand an den schweißnassen Hals. „Noch nicht. Warte, bis wir stehen.“

Es kam ihr wie eine Ewigkeit vor, bis der Transporter geparkt und die Rampe heruntergelassen war. Billy rief: „Führ sie raus.“

Image tänzelte die Rampe herab und sprang dann mit

einem Satz auf den Boden der Zufahrt. Ihr schwarzes Fell glänzte in der Sonne, ihr seidiger Schweif wehte leicht im Wind – die Stute sah wirklich aus wie eine Prinzessin. Sie hob den Kopf und wieherte laut. Das dunkle Wiehern eines Hengstes antwortete ihr.

Billy lachte leise. „Kann nicht behaupten, dass ihr einer von uns eine Träne nachweint. Aber trotzdem viel Glück mit ihr“, fügte er hinzu und machte die Rampe zu.

Melanie dankte ihm und führte Image in Fredericks Stall, der im gleichen Stil gebaut war wie das Herrenhaus aus dem neunzehnten Jahrhundert. Rechts und links der breiten Stallgasse lagen die geräumigen Boxen. Am Ende des Stalls befand sich der neue Anbau für die Zuchthengste. Melanie ging mit Image durch den Stall und zur hinteren Flügeltür wieder hinaus. Die weitläufigen Wiesen hinter dem Stall waren in großzügige Weiden aufgeteilt. Auf Images Weide standen ein kleiner Offenstall und eine große Eiche, die Schatten spendete. Pirate döste unter dem Baum. Hin und wieder schlug sein Schweif nach einer Fliege.

Image schien neben Melanie herzuschweben, als sie sich der Weide näherten. Melanie grinste. Die Stute war schon jetzt wie ausgewechselt. Hier gehörte sie hin.

Sie erreichten das Tor, und Melanie führte Image auf die Wiese. Pirate hatte sie inzwischen gehört. Er hob den Kopf und witterte mit geblähten Nüstern den Geruch des anderen Pferdes. Als Melanie den Führstrick löste, stürmte Image über die Wiese, schlug kräftig mit den Hinterbeinen aus und vollführte die wildesten Bocksprünge, als wollte sie die drei Wochen Elend einfach abschütteln. Melanie kletterte auf den Zaun und sah Images Kapriolen zu. Die Stute quiekte Pirate an, preschte von einer Ecke in die andere, rannte im engen Bogen um den Baum herum und galoppierte dann zurück zu Melanie.

Sie schob das Maul in Melanies Schoß und stand lang genug still, dass Melanie sie kurz tätscheln konnte, bevor sie wieder davonstürmte. Diesmal blieb sie aus vollem Lauf vor Pirate stehen, und die beiden Pferde steckten zur Begrüßung die Nasen zusammen.

„Willkommen zurück!“, rief jemand.

Melanie blickte zurück zum Stall. Elizabeth Wagner, die als Pflegerin auf Tall Oaks arbeitete, lief den Hang herunter, ein breites Lächeln auf dem Gesicht.

„Hallo!“ Melanie freute sich genauso, Elizabeth zu sehen. Sie war eine gute Freundin gewesen, als Melanie im Sommer mit Image gearbeitet hatte. „Da freut sich jemand, wieder zu Hause zu sein.“ Melanie wies mit einem Kopfnicken zu Image. Die Stute umkreiste die Weide in einem starken Trab, der einem Grand-Prix-Dressurpferd würdig gewesen wäre. Pirate trabte wacker neben ihr her. Da er schon oft auf dieser Weide gewesen war, wusste er genau, wo ihre Grenzen verliefen. „Pirate ist anscheinend auch froh, wieder mit ihr zusammen zu sein.“

Elizabeth kletterte neben Melanie auf den Zaun. Ihre langen blonden Haare hatte sie unter eine Baseballkappe gesteckt. „Ja“, stimmte sie zu. „Aber ich kenne da jemanden, der nicht gerade erfreut darüber ist, dass ihr wieder auf Tall Oaks seid.“

„Wen?“

Elizabeth sah mit zusammengekniffenen Augen zum Stall. Melanie folgte ihrem Blick. In der Stalltür stand Alexis, eine Hand an der Hüfte.

„Alexis? Woher weißt du das?“

„Sie hat es mir gesagt“, antwortete Elizabeth. „Heute Morgen hat sie die Futtereimer herumgestoßen und nur gemeckert. Ich konnte ihr nichts recht machen. Als ich sie gefragt habe, was eigentlich ihr Problem sei, hat sie gesagt, du. Sie hat gesagt, Fredericka solle Image endlich loswerden, statt sie zurück nach Tall Oaks zu holen.“

„Oh.“ Melanie warf wieder einen Blick zur Stalltür, doch Alexis stand nicht mehr da. „Ich habe schon mitgekriegt, dass es Alexis sehr gelegen käme, wenn Fredericka Image an Brad Townsend verkauft. Ich weiß nur nicht wieso. Und was hat das überhaupt mit mir zu tun?“

Elizabeth senkte die Stimme. „Alexis will immer über alles die Kontrolle haben. Sie hasst es, wenn Fredericka etwas tut, das nicht ihre Idee war, oder eine Entscheidung ohne sie trifft. Wahrscheinlich glaubt sie, dass du Fredericka überredet hast, Image zurückzuholen.“

„Da täuscht sie sich aber. Der Einzige, mit dem Fredericka gesprochen hat, war Vince.“ Melanie sah für eine Weile Image zu. Die Stute rannte nicht mehr wild herum, sondern graste jetzt gierig. „Was hat Alexis überhaupt gegen Image?“

Elizabeth zuckte die Schultern. „Keine Ahnung.“

„Tust du mir den Gefallen und schaust ein bisschen nach ihr, wenn ich nicht hier bin?“, bat Melanie sie. „Die Herbstferien sind vorbei, morgen fängt die Schule wieder an. Zum Glück beginnt mein Unterricht immer erst um zehn. Da kann ich morgens mit Image arbeiten.“

„Keine Sorge. Ich passe auf sie auf“, versprach Elizabeth. „Und Pirate auch.“

„Danke“, sagte Melanie. Plötzlich fühlte sie sich todmüde. Es waren vier lange Tage gewesen, und das Wiedersehen mit Alexis hatte ihre überschäumende Freude ein wenig getrübt.

Melanie hoffte, dass sie und Alexis in der Woche, die Image auf Tall Oaks verbringen würde, miteinander klarkamen. Sie hatte mit Image genug zu tun und brauchte nicht noch Alexis, um ihr das Leben schwer zu machen.

Die nächsten vier Tage vergingen wie im Flug. Image gewöhnte sich rasch wieder ein und erinnerte sich an alles, was Melanie ihr beigebracht hatte, bevor sie auf die Rennbahn gekommen war. Melanie konnte sie problemlos satteln und aufzäumen, sie longieren und mit Pirate als Handpferd führen.

Jetzt war es Donnerstagmorgen, und Fredericka war gekommen, um ihnen bei der Arbeit zuzusehen. Melanie bereitete schon seit Stunden alles vor. Zuerst hatte sie Image auf der Stallgasse gebürstet, bis ihr schwarzes Fell glänzte. Sie hatte alle vier Beine der Stute mit grünen Bandagen umwickelt, um sie vor Verletzungen zu schützen. Danach hatte sie Image mit Ruhe und Sorgfalt gesattelt und getrenst, so dass jedes Teil der Ausrüstung perfekt saß. Schließlich hatte sie die zwei Longen genommen und ordentlich in Schlaufen gelegt. Melanie wollte Image im Round-Pen, wo die Trainingseinheit stattfinden sollte, vom Boden aus „fahren". Sie konnte es kaum erwarten, Fredericka zu zeigen, wie gut Image auf die Hilfen reagierte.

Fredericka kam, als sie gerade den Stall verließen. „Guten Morgen, Melanie. Guten Morgen, Prinzessin."

Melanie ließ Image halten, und die Stute schnupperte gierig an Frederickas Händen. Sie wusste genau, dass ihre Besitzerin immer etwas Leckeres dabeihatte.

„Sie verwöhnen sie zu sehr, Fredericka. Bei mir bekommt sie nur zur Belohnung etwas."

„Oh, das Beste bewahre ich für nach dem Training auf." Fredericka klopfte auf die ausgebeulte Tasche ihrer Strickjacke. „Ein A-p-f-e-l", buchstabierte sie. Image schlug mit dem Kopf und schnaubte. Fredericka lachte. „Als Nächstes lernt sie lesen und schreiben."

„Hoffentlich nicht", sagte Melanie, als sie die Stute zum Round-Pen führte. „Dann sind wir ihr endgültig unterlegen."

Sie schloss die schwere Tür hinter sich und sortierte die Longen. Bei ihren ersten Versuchen mit der Doppellonge hatte Elizabeth ihr geholfen. Diesmal musste Melanie allein klarkommen.

Fredericka spähte über die hohe Wand des Round-Pens. „Von hier sieht man nicht viel", bemerkte sie.

„Ich weiß", antwortete Melanie. „Ich möchte nur hier drin anfangen. Wenn es klappt, können wir danach auf die Weide wechseln. Ich habe Pirate in den Stall gestellt, damit er sie nicht ablenkt." Melanie hatte die Steigbügel bereits am Gurt festgebunden, damit sie Image nicht gegen die Seiten schlagen konnten. Sie führte die Leinen durch die Steigbügel und hakte sie in die Trensenringe. Dann stellte sie sich ruhig hinter die Stute. Sie hielt die Leinen in der Hand, als säße sie auf einem Kutschbock. Image stand still, bis Melanie sagte: „Schritt." Sofort bewegte sich das Pferd gehorsam vorwärts. Sie drehten eine Runde um den Round-Pen und liefen dann eine kleine Acht. Melanie hielt Image an und richtete sie rückwärts. Schließlich blieben sie vor Fredericka stehen.

Fredericka klatschte in die Hände und strahlte begeistert.

„Das war perfekt. Und das soll dasselbe Pferd sein, das auf der Rennbahn seine Pfleger angegriffen hat? Ich kann es kaum glauben!“

Melanie errötete vor Stolz. „Sie fühlt sich hier auf jeden Fall deutlich wohler. Aber es liegt noch viel Arbeit vor uns. Ich sollte sie eigentlich inzwischen auf der Bahn traben, wissen Sie noch?“

Fredericka öffnete das Tor, und Melanie lenkte Image den Hang hinunter zu ihrer Weide. Gestern hatte sie das Ganze schon einmal mit Elizabeth geübt, sozusagen als Generalprobe, damit Image nicht plötzlich Dummheiten machte, wenn Fredericka zusah.

Sie gingen im Schritt um die Weide, wendeten auf die andere Hand und trabten schließlich an. Image bewegte sich locker und schwungvoll vorwärts, Melanie im Laufschritt hinterher.

Doch auf einmal sah Melanie aus den Augenwinkeln, wie Alexis zwei Jährlinge hinausbrachte, ausgerechnet auf die Weide neben ihnen.

Sie konnte es nicht glauben. Alexis wusste doch, wie sich Image aufführen konnte. Wieso stellte sie jetzt zwei fremde Pferde neben sie?

Die energiegeladenen Junghengste galoppierten über die Wiese auf Image zu. „Halt“, befahl Melanie mit ruhiger Stimme. Doch Image hatte die beiden bereits entdeckt.

Blitzartig drehte sich die Rappstute in Richtung Zaun. Die linke Leine klatschte ihr gegen die Flanke, die rechte hing plötzlich durch. Melanie wich zur Seite, um wieder die richtige Position hinter der Stute einzunehmen und nicht die Kontrolle zu verlieren, doch sie war nicht schnell genug. Image schlug aus und verfing sich mit dem Hinterbein in der rechten Leine. Gleichzeitig preschten die beiden Jährlinge am Zaun entlang.

Empört nahm Image die Verfolgung auf. Was taten die hier in ihrem Revier? Melanie lief mit, so weit sie konnte, dann musste sie loslassen. Die Longen flatterten gegen Images Seiten, während sie den Zaun entlanggaloppierte. Als sie die Ecke erreichte, stoppte sie aus vollem Lauf und beschnupperte sich mit einem der Hengste. Er quiekte, dann quiekte Image und schlug mit dem Vorderhuf aus.

Melanie hielt die Luft an. „Ruhig, meine Hübsche", sagte sie und ging langsam auf Image zu. Ihr Herz klopfte wild. Image schien überhaupt keine Angst vor den herumflatternden Leinen zu haben. Sie war mehr auf die Eindringlinge konzentriert. Doch wenn die Stute wieder losrannte, konnte sie sich gefährlich in den Longen verheddern.

Image reckte den Hals über den Zaun, legte die Ohren an und biss nach dem Hengst, der verblüfft zurückwich. Melanie zog eine Möhre aus der Tasche und streckte die Hand aus. Langsam pirschte sie sich an Image heran. Noch drei Schritte.

Plötzlich wirbelten die beiden Jährlinge herum und rannten am Zaun entlang zurück. Image schnellte herum, um ihnen zu folgen. Melanie erstarrte, als die Stute mit geblähten Nüstern und wütend angelegten Ohren auf sie zustürmte, doch in letzter Sekunde schlitterte Image zum Halt. Sie stellte die Ohren nach vorn, schnaubte und spielte mit den Lippen an der Möhre in Melanies Hand.

„Ach, Image." Melanie ließ den Atem entweichen, den sie angehalten hatte. Sie öffnete die Hand, damit die Stute die Möhre fressen konnte, und griff nach den Longen. Rasch zog sie die Leinen von den Pferdebeinen weg. Dann untersuchte sie die Stute von allen Seiten. Zum Glück war sie unverletzt. Als Melanie aufblickte, schritt Alexis mit übertrieben besorgter Miene über die angrenzende Koppel.

„Melanie! Das tut mir ja so leid! Ich hatte keine Ahnung, dass du hier mit Image arbeitest. Ich dachte, ihr wärt im Round-Pen."

Melanie sah Alexis misstrauisch an. Die Erklärung der Gestütsleiterin klang fast überzeugend.

Fast. Dann wurde ihr klar, dass Fredericka in Hörweite war. Alexis Entschuldigung war natürlich für ihre Chefin gedacht.

„Schon gut", sagte Melanie. „Image muss sich irgendwann an andere Pferde gewöhnen."

„Bin ich froh, dass du nicht sauer bist", erwiderte Alexis. „Warte, ich fange die beiden sofort ein. Ich stelle sie auf die Weide an der Zufahrt."

„Wo sie von Anfang an hätten sein sollen", dachte Melanie, doch laut sagte sie: „Mach dir keine Umstände. Wir sind sowieso fertig. Ich denke, Image hat genug für heute." Sie führte Image zurück zum Tor. Fredericka machte ein besorgtes Gesicht. „Geht es euch beiden gut?"

Melanie nickte. „Ich denke schon. Tut mir leid", fügte sie stockend hinzu.

„Ach, das braucht dir überhaupt nicht leid zu tun", sagte Fredericka. „Ich war ganz froh, Image ein bisschen herumspinnen zu sehen."

„Wirklich?"

„Image hat sich kein bisschen an den Longen gestört", erklärte Fredericka. „Sie wollte nur die zwei Störenfriede verjagen." Die ältere Frau lächelte ihr Pferd liebevoll an. „Du kleine Hexe", sagte sie zärtlich. „Aber als sie dich gesehen hat, Melanie, ist sie auf der Stelle stehen geblieben. Ich weiß vielleicht nicht alles über Pferde, aber das war beeindruckend. Die Situation sah gefährlich aus, aber Image hatte sich die ganze Zeit unter Kontrolle. Wenn wir diese Energie jetzt irgendwie ins Rennen umleiten können", sie lächelte Melanie an, „dann haben wir ein Rennpferd."

Melanie lächelte zurück. Sie war dankbar und erleichtert, dass Fredericka nicht böse war. Wenn ihre Vermutung stimmte und Alexis die Jährlinge auf die Weide gebracht hatte, um Image und Melanie schlecht aussehen zu lassen, dann war der Plan nach hinten losgegangen.

„Morgen kommt Ian", erzählte Melanie Fredericka. „Er sieht sich mein Training mit Image an und sagt mir dann, ob sie so weit ist, angeritten zu werden. Ich glaube, sie ist so weit", fügte sie atemlos hinzu. „Ganz bestimmt!"

Fredericka strich über die weiße Schnippe auf Images Maul und nickte langsam. Dann wandte sie sich lächelnd zu Melanie um. „Ich glaube auch. Und ich bin sehr froh, dass du diejenige bist, die als Erste in den Sattel steigt."

Nach dem Training mit Image eilte Melanie von Tall Oaks nach Hause und sprang unter die Dusche. Heute Abend wollte sie sich mit Kevin, Lindsey, Christina und Christinas Freund Parker Townsend das Musical *Grease* ansehen, das die Theatergruppe ihrer Schule aufführte. Ihre Freundin Katie Garrity spielte eine der Hauptrollen.

Während sie sich mit einer Hand die Haare fönte, wühlte sie mit der anderen in ihrem Kleiderschrank und suchte etwas Schickes zum Anziehen. Sie konnte keine Jeans und Sweatshirts mehr sehen.

„Chris? Was ziehst du an?", rief sie den Flur hinunter. Als

sie keine Antwort bekam, stellte Melanie den Fön ab und tapste auf nackten Füßen ins Zimmer ihrer Cousine. Christina hatte sich offenbar auch in Eile umgezogen. Auf dem Fußboden türmte sich die schmutzige Wäsche, und das Bett war mit verschiedenen Kleidern übersät.

Melanie lauschte, doch sie hörte keine Stimmen im Haus. Dann warf sie einen Blick aus Christinas Fenster und erkannte Dr. Stevens' Wagen vor dem Stall, in dem Stern in Quarantäne stand.

Melanies Puls beschleunigte sich. Hoffentlich ging es Stern gut.

Rasch schlüpfte sie in einen schwarzen Jeansrock und einen roten Pullover. Dann fuhr sie sich mit einem Kamm durch die Haare, schnappte sich ein Paar schwarze Clogs und lief die Treppe hinunter.

Dr. Stevens kam gerade mit Aileen aus dem Stall. Sie beredeten etwas mit gedämpften Stimmen. Melanie eilte hinein und stolperte mit ihren Clogs auf dem rauen Boden.

„Chris?" Sie fand ihre Cousine in Sterns Box. Christina war schon fürs Theater umgezogen und trug einen braunen Rock und ein rostrotes Oberteil. Ihre rötlichen Haare fielen in sanften Wellen über ihre Schultern. „Geht es Stern gut?"

Christina nickte. „Er hat uns einen ziemlichen Schrecken eingejagt. Er hat plötzlich Fieber bekommen. Dr. Stevens sagt, es steckt vielleicht immer noch ein Rest der Infektion in seinem Körper. Er gibt ihm wieder Spritzen." Christina unterdrückte ein Schluchzen. „Und ich dachte, jetzt wird er gesund. Immer wenn ich denke, alles wird gut, passiert wieder etwas", fügte sie hinzu. Sie wischte sich mit dem Handrücken über die Augen.

Melanie schluckte den Kloß herunter, der sich in ihrem

Hals bildete. Ihre Cousine tat ihr leid. Sie kämpfte schon so lange um ihr Pferd. „Du darfst jetzt nicht aufgeben, Chris."

Christina lächelte tapfer. „Ich weiß."

„Hey, wo sind die zwei Mädchen, mit denen ich verabredet bin?"

Als sie Parkers Stimme hörte, drehte sich Melanie um. Parker kam pfeifend die Stallgasse herunter, doch als er an der Boxentür stehen blieb, wurde sein Gesicht ernst. „Chris? Ist alles okay?"

Christina nickte, doch ihre Augen füllten sich wieder mit Tränen. Parker trat in die Box und legte die Arme um sie. Melanie beschloss, sie einen Augenblick allein zu lassen. „Chris, ich warte in Parkers Wagen."

Sie ging aus dem Stall und grüßte Dr. Stevens. Er gab Aileen gerade eine Handvoll Einwegspritzen und eine Flasche mit einem Medikament. Melanie hoffte, dass die Spritzen diesmal wirkten und dass Christina nicht den Mut verlor und weiter für ihr Pferd kämpfte.

Doch Christina würde niemals aufgeben. Auf ihre Art war sie genauso stur wie Melanie.

Ein Lächeln spielte um Melanies Mund. Wie oft hatte sie schon daran gedacht, Image aufzugeben? Sie konnte es nicht mehr zählen. Doch etwas sagte ihr, dass Image das alles wert war. Alle Schwierigkeiten, die sie überwinden, alle Kämpfe, die sie ausfechten musste. Und genau das war es doch, was sie überhaupt erst zu der Stute hingezogen hatte. Sie waren aus dem gleichen Holz geschnitzt. Und seit sie Image zum ersten Mal begegnet war, träumte Melanie davon, Image zu reiten, und zwar als Erste. Morgen, wenn Ian sein Okay gab, würde ihr Traum wahr werden.

Kapitel 9

Ian ging mit gerunzelter Stirn um Image herum und musterte sie. Melanie hielt den Atem an. Es war Freitagmorgen, Ian hatte zugesehen, wie sie die Stute putzte, aufsattelte und auf der Koppel longierte. Jetzt waren sie im Round-Pen. Noch hatte Ian kein Wort gesagt. Er strich an Images Flanke herab, zog am Steigbügelriemen, schlug auf den Sattel, machte knurrende Geräusche und riss die Arme hoch.

Image zuckte zusammen und bewegte die Ohren, doch sie scheute nicht und wich nicht zur Seite. Melanie atmete aus. Die Stute benahm sich besser, als sie zu hoffen gewagt hatte. „Und?", fragte sie.

Ian strich sich nachdenklich übers Kinn. „Es ist mir ein Rätsel", sagte er verwundert. „Als ich dieses Pferd das letzte Mal gesehen habe, hat es versucht, aus seiner Box in Turfway auszubrechen. Wie hast du das gemacht?"

„Das weiß ich eigentlich auch nicht", gab Melanie zu. Und das stimmte. Sie hatte keine Ahnung, wieso Image auf sie so gut reagierte. Es war wie mit Freundschaften: Wie sollte man genau begründen, warum ausgerechnet dieser oder jener Mensch die beste Freundin war? „Vielleicht liegt es daran, dass wir uns so ähnlich sind. Stur und unberechenbar." Melanie hatte das als Witz gemeint, doch Ian nickte nachdenklich. „Eines weiß ich – sie hasst es, in einer

Box eingesperrt zu sein", fügte sie hinzu und wies mit einer Handbewegung zu Images Koppel. „Sobald sie wieder auf der Weide sein durfte, war sie ein anderes Pferd. Und ich habe einfach viel mit Belohnung, Liebe und Geduld gearbeitet."

„Das ist der richtige Weg." Ian nickte wieder. „Zu viele Trainer sind nur auf das schnelle Geld aus. So werden die Pferde ruiniert. Sie bekommen das Gefühl, dass sie zum Rennen gezwungen werden, anstatt zu rennen, weil sie rennen wollen." Er sah Melanie an. „Deshalb war Stern so ein Spitzenpferd. Er ist aus freien Stücken gerannt. Weil er das Rennen liebt."

„Und weil er Christina liebt. Das wird ihm auch helfen, wieder gesund zu werden."

„Hoffentlich hast du recht", sagte Ian. „Also, was meinst du?"

„Ich glaube, Stern ist bald wieder kräftig genug, um Rennen zu laufen. Ich glaube, er wird im Derby starten."

Ian winkte ungeduldig ab. „Nein, nicht Stern. Image! Willst du dich jetzt draufsetzen oder nicht?"

Melanie spürte ein Kribbeln am ganzen Körper. „Ja, klar will ich! Ich möchte sie nur nicht überfordern. Bist du denn sicher, dass sie schon so weit ist?"

„Melanie, wenn du das Pferd weiter trainieren willst, musst du lernen, deinem eigenen Urteil zu vertrauen."

Melanie schluckte heftig. „Ja. Ich denke, sie ist so weit", sagte sie und fügte dann hinzu: „Aber nur, wenn du das auch so siehst, Ian. Du hast so viel mehr Erfahrung."

Ian lachte leise. „Bleib locker. Sie ist so weit, dass sie dir bald selbst in den Sattel hilft. Komm, mach schon."

„Was – jetzt?" Melanies Stimme klang piepsig. Sie hatte

so lang auf diesen Augenblick gewartet und konnte nicht glauben, dass er jetzt gekommen war.

„Jetzt." Ian nahm ihr den Führzügel aus der Hand.

Melanie prüfte noch einmal den Gurt und ließ die Steigbügel herunter. Sie konnte es immer noch nicht fassen, dass sie gleich auf Images Rücken steigen sollte!

„Du weißt ja, wie das abläuft", sagte Ian. „Zuerst legst du dich quer über den Sattel. Ich habe die Hand an deinem Bein. Wenn sie ruhig bleibt, schieb ich dich ganz rauf. Und das Atmen nicht vergessen. Nicht, dass du mir ohnmächtig wirst."

Melanie lächelte nervös und nickte. Sie stellte sich an Images linke Seite, griff mit der rechten Hand an den Hinterzwiesel des Sattels und mit der linken an den Vorderzwiesel. Auf einmal kam Image ihr riesengroß vor, und ihr wurde mulmig. Sie hatte so viel Arbeit investiert, um diesen Punkt zu erreichen. Was, wenn jetzt etwas passierte und alles zunichte machte?

„Alles klar?", fragte Ian.

Melanie schob die Zweifel von sich und atmete tief durch. „Ja."

Ian bückte sich und legte eine Hand unter ihr Knie. „Bei drei. Eins, zwei, drei."

Mühelos hob Ian sie in die Luft, und Melanie lag bäuchlings über Images Rücken. Ian griff ihr Fußgelenk und hielt mit der anderen Hand die Zügel.

„Steh, Mädchen", sagte Ian zu dem Pferd.

Melanie spürte, wie sich die Muskeln der Stute anspannten, und klopfte ihre Schulter. „Ich bin's doch nur. Die, die dir immer Möhren gibt."

Image seufzte und entspannte sich.

„Das war ja leicht“, sagte Ian. „Mach weiter und setz dich auf. Aber steck die Füße noch nicht in die Bügel. Wenn sie Unsinn macht, spring einfach ab. Ich fange dich auf.“

„Sie wird keinen Unsinn machen“, sagte Melanie mit Gewissheit. Ian schob sie höher, und Melanie schwang das rechte Bein über den Sattel. Als sie sich aufsetzte, wurde ihr schummrig, weil das Blut so plötzlich aus ihrem Kopf wich.

„Fühlst du dich gut?“ Ian sah zu ihr auf.

„Ja“, sagte Melanie. Dann erst begriff sie: Sie ritt Image! „Mehr als gut.“ Sie klopfte den Hals der Stute. Image drehte den Kopf nach hinten und betrachtete Melanies Schuh, der an ihrem Bauch baumelte. Vorsichtig beknabberte sie die Schuhspitze. Als ihr das langweilig wurde, drehte sie sich wieder nach vorn.

„Bleib ruhig sitzen“, sagte Ian. Er schnalzte mit der Zunge und führte Image vorwärts. Der Schritt der Stute war flüssig und raumgreifend.

Endlich ritt sie Image. Nach so langer Zeit. Es war ein fantastisches Gefühl. Für einen Moment schloss Melanie die Augen und stellte sich vor, sie wäre auf der Rennbahn. Die Sonne und den Wind im Gesicht, fegten sie und Image auf die Ziellinie zu.

Dann fiel Ian in den Laufschritt, und Image trabte an.

Melanie riss die Augen auf und packte die Mähne. „Ian, was machst du?“, fragte sie mit zittriger Stimme.

Er lachte. „Sie läuft so brav wie ein altes Schulpferd“, rief er über die Schulter. „Ich wollte sehen, wie sie reagiert, wenn du auf ihrem Rücken herumhopst. Halt!“, sagte er, und Image blieb stehen.

Als Ian sich umdrehte und zu Melanie aufsah, strahlte er genauso wie sie. „Sie ist vollkommen ruhig. Mel, deine

Bodenarbeit war genau richtig. Sie hat absolutes Vertrauen zu dir. Die nächsten Schritte werden schnell gehen. Herzlichen Glückwunsch – es gibt nichts, worüber du dir Sorgen machen müsstest."

Melanie legte sich auf den Hals der Stute und umarmte sie. „Ich kann es kaum erwarten, Fredericka zu erzählen, wie brav sie war", sagte sie zu Ian. „Ich will bald anfangen, sie auf Frederickas Trainingsbahn zu traben. Die Bahn ist zwar nicht sehr groß, aber ich wette, wenn Image den Sand unter den Hufen spürt, wird sie es lieben!"

„Pumas vor, noch ein Tor!" Melanie und Christina sprangen von ihren Plätzen auf und feuerten die Fußballmannschaft der Henry-Clay-Schule an. Es war später Nachmittag, und Parker hatte sie zurück zur Schule gefahren, damit sie beim Endspiel des Turniers dabei sein konnten. Henry Clay spielte gegen Clifton High, und es stand vier zu vier. Es war die gesamte Zeit hindurch ein bewegtes, spannendes Spiel gewesen, und Melanie war schon heiser vom vielen Jubeln und Anfeuern.

Melanie hatte einen Platz neben Christina und Parker, und in der Reihe vor ihnen saßen Ian, Cindy, Lindsey und Beth, Kevins Mutter. Atemlos vor Spannung sah Melanie zu, wie Kevin den Ball zum Tor dribbelte, zielte und schoss. Der Ball flog genau auf das Netz zu, doch in letzter Sekunde sprang der Torwart in die Höhe und faustete ihn weg. Ein Clifton-Stürmer nahm den Ball an und schoss ihn weiter zum Tor der Pumas. Melanie kaute an den Fingernägeln. Es waren nur noch Sekunden bis zum Abpfiff. Wenn die anderen jetzt ein Tor schossen, war Clifton Meister.

Kevin rannte mit kraftvollen Schritten dem Ball hinterher. Plötzlich stolperte er, und Melanie sah, wie er vor Schmerz das Gesicht verzerrte. Er stürzte zu Boden, rollte über die Schulter ab und überschlug sich mehrmals, bevor er liegen blieb. Als er sich aufsetzte, hielt er sich das Knie – dasselbe, das er sich bei der Arbeit mit Image verletzt hatte.

Die gegnerische Tribüne brach in wilden Jubel aus. Melanie sprang auf. Sie hatten ein Tor geschossen. Fünf zu vier. Clifton hatte gewonnen.

Vor ihr schrie Beth auf. „Oh nein! Kevin hat sich wieder das Knie verletzt!"

Kevin hielt sich immer noch das Bein und der Trainer der Pumas lief über das Feld zu ihm hin. Zwei seiner Mitspieler knieten bereits neben ihm.

„Hoffentlich ist es nichts Schlimmes!" Melanie legte Beth die Hand auf die Schulter.

Lindsey schüttelte frustriert den Kopf. „Ich kann nicht glauben, dass sie verloren haben. Wenn Kevin nicht gestürzt wäre, hätte er den Ball gestoppt. Es hätte Verlängerung gegeben."

„Es ist nur ein Spiel, Lindsey", erinnerte Melanie sie.

„Es ist nicht nur ein Spiel. Es ist die Meisterschaft", erklärte Lindsey.

Melanie mochte Kevins neue Freundin, aber manchmal übertrieb sie es. Lindsey spielte Fußball in der Schulmannschaft der Mädchen und war genauso ehrgeizig wie Kevin.

„Außerdem, wenn eins eurer Pferde ein Rennen verliert, weil es stürzt, zuckst du dann auch nur die Schultern und sagst, ist ja nur ein Rennen?", konterte Lindsey.

„Na gut, eins zu null für dich." Melanie hob kapitulierend die Arme.

Lindsey schüttelte den Kopf. „Tut mir leid", entschuldigte sie sich. „Ich steigere mich da manchmal ein bisschen rein."

„Ein bisschen?", fragte Parker, und alle lachten.

„Ich gehe runter", sagte Lindsey und quetschte sich durch die engen Sitzreihen.

„Ich hoffe, es ist nichts Schlimmes mit seinem Knie", sagte Beth besorgt. „Er hat so lange trainiert, um wieder fit zu werden, seit dieses Pferd ihn umgestoßen hat."

Melanie wurde rot. „Dieses Pferd" war Image.

Ian legte Beth den Arm um die Schultern. „Mach dir keine Sorgen. Das wird schon wieder."

„Und wenn nicht?", fragte Beth. „Wenn er nicht Fußball spielen kann, verliert er sein Stipendium fürs College."

Ein Kloß bildete sich in Melanies Hals, und ihr Blick richtete sich wieder aufs Spielfeld. Der Trainer half Kevin gerade auf die Beine.

„Meinst du, wir sollten sofort mit ihm zum Arzt fahren?", fragte Beth.

„Das ist wahrscheinlich das Beste. Aber warten wir mal ab, was der Trainer sagt." Ian nahm die Hand seiner Frau und ging mit ihr von der Tribüne hinunter.

„Tja." Melanie seufzte schwer. Die meisten anderen Zuschauer waren ebenfalls schon gegangen. Nur Cindy, Christina und Parker saßen noch auf ihren Plätzen. „Und das gerade jetzt, wo ich mich wegen Image so gut gefühlt habe. Ich hatte überhaupt nicht mehr an Kevins Knie gedacht." Sie ließ sich auf den Platz neben Cindy fallen.

„Beth hat Image nicht die Schuld gegeben", sagte Christina.

Cindy stimmte ihr zu. „Sie macht sich nur Sorgen wegen

des Stipendiums. Stell dir vor, wie hart das Kevin treffen würde, wenn er auf der Uni nicht Fußball spielen könnte." Ihre Hand fuhr unwillkürlich an ihre eigene Schulter, und Melanie zuckte zusammen. Auch an Cindys Schulter hatte sie nicht mehr gedacht.

„Hast du dich denn schon entschieden?", fragte Christina Cindy.

„Ich?" Cindy sah erstaunt aus. „Wofür?"

„Deine Schulter", erklärte Christina. „Hattest du nicht überlegt, ob du dich operieren lässt?"

Cindys Gesicht verdunkelte sich. „Ich weiß nicht. Der Arzt kann mir nicht garantieren, dass ich wieder reiten kann."

„Und wie stehen die Chancen, dass du wieder reiten kannst, ohne Operation?", fragte Parker.

„Es könnte auch so heilen", sagte Cindy mit etwas zu viel Nachdruck.

Melanie hatte den Eindruck, dass Cindy versuchte, sich selbst zu überzeugen.

„Unwahrscheinlich", meinte Parker. „Die Muskel-Sehnen-Kappe ist ..."

Cindy stand auf. „Ich weiß", schnitt sie ihm das Wort ab. „Das brauchst du mir nicht zu sagen. Mein Bedarf an Schule ist vor zwölf Jahren gedeckt worden. Kann mich jemand zurück nach Whitebrook mitnehmen? "

„Ja, gut, ich fahre dich", bot Parker an.

„Okay. Ich warte beim Wagen."

„Ich suche mir eine andere Mitfahrgelegenheit", sagte Melanie. Sie alle passten nicht in Parkers Pick-up.

„Ich wusste nicht, dass sie so empfindlich darauf reagiert", sagte Parker, als Cindy außer Hörweite war.

„Stell es dir doch nur mal vor, Parker“, sagte Melanie. „Jahrelang war sie eine berühmte Rennreiterin, ist um die ganze Welt gereist und war vollkommen unabhängig. Jetzt hockt sie auf Whitebrook mit ihren Eltern.“

„Besser als auf Townsend Acres mit meinen Eltern“, witzelte Parker, und Melanie musste lachen. Es war kein Geheimnis, dass Parker ein ziemlich gespanntes Verhältnis zu Brad und Lavinia Townsend hatte. Melanie warf einen Blick zu Christina, die ins Leere starrte.

Melanie schwenkte die Hand vor dem Gesicht ihrer Cousine. „Chris? Alles in Ordnung?“

„Ich habe nur über Cindy nachgedacht. Ich kann verstehen, wieso sie es gerade so schwer hat. Pferde waren schon immer ihr ganzes Leben.“

„Aber warum will sie sich nicht operieren lassen?“, fragte Melanie. „Wenn sie dadurch vielleicht wieder Rennen reiten kann.“

„Das Risiko lässt sie zögern, nehme ich an. Wie sie gesagt hat, es gibt keine Garantie. Jetzt kann sie wenigstens bei der Morgenarbeit helfen. Wenn sie den Arm in einer Schlinge hat, wird sie für eine ganze Weile gar nichts tun können.“ Christina sah auf ihre Hände hinab, die sie im Schoß verschränkt hatte. „Und mit Stern ist es irgendwie das Gleiche. Was mache ich, wenn er nie mehr Rennen laufen kann?“

Melanie berührte ihre Cousine am Arm. „Dann wird er das beste Pferd in Whitebrooks neuem Hengststall. Er hat eine hervorragende Abstammung und schon eine tolle Rennlaufbahn hinter sich.“

Christina nickte traurig. „Du hast recht. Stern ist wertvoll für mich, ganz gleich, was passiert.“

„Wenn Cindy auch so denken könnte, wäre sie bestimmt zufriedener“, sagte Melanie. „Heute Morgen auf dem Weg nach Tall Oaks hat Ian mir noch erzählt, wie gut sie die Morgenarbeit im Griff hat. Sie weiß wirklich, wie man das Beste aus den Pferden herausholt. Ian ist sehr stolz auf sie – auch wenn sie nie wieder ein Rennen reiten sollte.“

„Kommt ihr?“, rief Cindy vom Parkplatz herüber.

„Geht ihr nur. Ich fahre mit Ian und Beth“, sagte Melanie.

„Sicher?“, fragte Christina.

Melanie nickte. „Ich will sowieso wissen, wie es Kevin geht.“

Als Parker und Christina gegangen waren, schaute sich Melanie suchend um. Ein leichter Wind fegte über den Platz und zerzauste ihre Haare. Um den Parkplatz herum brannten schon die Laternen, doch Beths Auto war leer. Wahrscheinlich waren sie noch drinnen und sprachen mit Kevin und dem Trainer. Melanie hoffte so sehr, dass es Kevin gut ging – dass es allen bald wieder gut ging, auch Cindy und Stern.

Sie dachte, wie ähnlich sie und Cindy sich doch waren. Cindy hatte im Waisenhaus und in einer Pflegefamilie gelebt und war von zu Hause ausgerissen, bis die McLeans sie adoptiert hatten. Davor hatte sie es ziemlich schwer gehabt.

Melanie war zwar kein Pflegekind gewesen, doch ihre Mutter war früh gestorben, und ihr Vater hatte wenig Zeit für sie gehabt. Melanie war auf dem besten Weg gewesen, in ernsthafte Schwierigkeiten zu geraten. Nach Kentucky zu ziehen und dort das Rennreiten zu entdecken, war das Beste, das ihr je passiert war. Sie hatte sich dem gleichen großen Ziel verschrieben wie Cindy: eine berühmte Rennreiterin zu werden.

Was wäre, wenn ihr etwas passierte und sie nicht mehr reiten könnte?

Pferderennen war ein gefährlicher Sport. Ein Pferd anzureiten, war nur der Anfang. Wenn Images Ausbildung voranschritt, würde Melanie immer größere Risiken eingehen. Image musste lernen, aus der Startmaschine zu starten und im rasenden Tempo zusammen mit anderen nervösen Rennpferden über die Bahn zu galoppieren. Das Verletzungsrisiko war hoch.

Zum Glück würde Melanie Hilfe beim Training haben, sobald Image auf Whitebrook stand. Doch noch war sie nicht dort. Melanie hatte noch mehrere Tage auf Tall Oaks vor sich. Wenn sie Fredericka beweisen wollte, dass die Stute als Rennpferd geeignet war, mussten sie in wenigen Tagen noch viel erreichen. Elizabeth hatte mit den Jährlingen alle Hände voll zu tun, Alexis wollte nichts von Image wissen, und Ian hatte auf Whitebrook schon mehr als genug Arbeit.

„Ich werde einfach allein weitermachen müssen", dachte Melanie. Ein junges, unerfahrenes Rennpferd ohne Begleitung zu reiten, war gefährlich, doch sie hatte keine Wahl. Wenn sie die Stute nicht bis Sonntag um die Bahn traben konnte, würde Fredericka Image womöglich verkaufen. Melanie musste das Risiko eingehen. Und das war es wert.

Kapitel 10

„Melanie!“

Melanie wurde aus ihren Gedanken gerissen. Ian winkte ihr vom Parkplatz. Sie sprang auf und ging die Sitzreihen entlang. Beth, Kevin und Lindsey traten gerade aus der Turnhalle der Schule ins Freie. Kevin humpelte auf Krücken, sein Knie war bandagiert.

Melanie stöhnte. Das sah nicht gut aus.

Sie lief über den Platz und holte Kevin ein, bevor er das Auto erreichte. Sie musste furchtbar bestürzt ausgesehen haben, denn Kevin sagte schnell: „Keine Panik. Die Krücken sind nur eine Vorsichtsmaßnahme. Ich kann laufen, aber der Trainer will kein Risiko eingehen.“

„Tut mir leid mit dem Spiel!“

Kevin zuckte die Achseln. „Wir sind Zweite geworden. So schlecht ist das auch nicht.“ Er blieb stehen und senkte die Stimme: „Ich glaube, Mom und Lindsey ärgern sich mehr als ich. Es ist doch nur ein Spiel.“

Melanie lachte. Das Gleiche hatte sie auch gesagt. „Tu doch nicht so. Du würdest alles tun, um zu gewinnen.“

„Mein Stipendium ist sicher. Ich muss das Knie nur eine Zeit lang schonen. Und das kann ich den Winter über tun.“

„Aber spielst du da nicht Basketball?“, fragte Melanie, während sie zusammen zum Auto gingen.

„Ich muss Basketball wahrscheinlich sowieso aufgeben, wenn ich mich im College auf Fußball konzentrieren will", sagte Kevin.

Lindsey machte ihm die Autotür auf. „Was sagst du da mit Basketball?"

„Ich habe Melanie gerade gesagt, dass ich dieses Jahr wahrscheinlich nicht spielen werde", erklärte Kevin.

„Er hilft mir stattdessen mit Image", witzelte Melanie, obwohl sie wünschte, es wäre so.

„Oh nein, das tut er nicht", meldete sich Beth zu Wort. „Er wird in Zukunft einen großen Bogen um dieses Pferd machen."

„Genau", stimmte Lindsey ihr zu. „Er hat genug damit zu tun, das Basketball-Mädchenteam anzufeuern – ich bin dieses Jahr in der Startfünf."

„Das vergesst mal schön", sagte Ian vom Vordersitz. „Kevin wird lernen. Sonst könnte er sein Stipendium doch noch verlieren."

Kevin drehte den Kopf hin und her, als würde er bei einem Tennisspiel zuschauen. „Keine Sorge", sagte er schließlich. „Ich schaffe das alles."

„Außer, bei diesem Pferd zu helfen", wiederholte Beth.

Melanie wusste, dass Beth es nicht böse meinte. Wahrscheinlich hatte sie bisher nur Schlechtes über Image gehört, und nachdem sich Kevin auch noch bei der Arbeit mit der Stute verletzt hatte, war sie natürlich um ihren Sohn besorgt.

Bevor er auf den Rücksitz rutschte, zwinkerte Kevin Melanie zu. „Kümmere dich nicht um meine Mutter", sagte er freundlich. „Ich helfe dir sehr gern wieder mit Image."

Beth und Lindsey starrten ihn fassungslos an, und Melanie unterdrückte ein Lachen. Sie hätte wissen müssen, dass sich Kevin von niemandem etwas sagen ließ. Er hatte schon immer nur getan, was er wollte. Jetzt, da sie mit seiner Hilfe rechnen konnte, war sie auf einmal sehr zuversichtlich, dass sie aus Image ein Rennpferd machen konnte.

„Sie hat auf jeden Fall große Fortschritte gemacht, seit ich sie das letzte Mal gesehen habe", meinte Kevin. Auf den Weidezaun gestützt, sah er zu, wie Melanie Image mit der Doppellonge vor sich herschickte.

Es war Samstagmorgen. Kevin hatte Melanie gleich nach dem Frühstück abgeholt, und sie waren nach Tall Oaks gefahren. Sein Knie tat immer noch weh. Er trug eine Bandage und humpelte ein bisschen.

„Auf der Bahn war es wieder schlimmer geworden", erzählte Melanie ihm. „Aber sie hat nichts verlernt. Halt!" Sie ließ die Stute halten und richtete sie dann rückwärts. „Ich bin so froh, dass du mir hilfst. Ich habe noch zwei Tage. Am Montag will Fredericka sehen, wie ich Image auf Tall Oaks' kleiner Trainingsbahn trabe. Dann entscheidet sie, ob Image nach Whitebrook kommt."

„Woher willst du wissen, dass sie auf Whitebrook nicht genauso Probleme bekommt wie auf der Rennbahn?", fragte Kevin.

Melanie wickelte die Longen auf und gab der Stute anschließend eine Möhre. „Fein gemacht, Mädchen." Sie hakte die Leinen von der Trense los. „Auf der Rennbahn stand sie den ganzen Tag in der Box. Auf Whitebrook hat sie es genauso gut wie hier. Sie ist draußen auf einer eigenen Koppel mit Pirate."

„Was halten Mike und Aileen davon?"

„Sie wissen, dass das ungewöhnlich ist. Aber Image ist ja auch ein außergewöhnliches Pferd, und das respektieren sie.“

Kevin lachte leise. „Das ist nett ausgedrückt. Sie wollen nur nicht, dass sie ihnen den Stall auseinandernimmt.“

Melanie streckte ihm die Zunge raus und streichelte Images lackschwarzen Hals. Dann hängte sie die aufgerollten Longen über einen Zaunpfosten. „Bist du bereit?“, fragte sie Kevin.

„Ja.“ Kevin öffnete das Tor und trat auf die Koppel. Als Melanie ihm den Führzügel gab, beschnupperte Image ihn ausgiebig. Dann reckte sie den Kopf in die Luft und flehmte.

Melanie lachte. „Sie erinnert sich an dich.“

„So schlecht rieche ich auch wieder nicht“, entgegnete Kevin beleidigt, und Melanie lachte noch mehr.

Melanie stellte sich an Images linke Seite, und Kevin nahm ihr Bein, um ihr aufs Pferd zu helfen.

„Wenn sie brav ist, kannst du heute mal den Führzügel losmachen“, sagte Melanie, als sie sich in den Sattel setzte. „Ich will sie richtig reiten.“

Sie hatte die Stute mit einem der größeren Arbeitssättel gesattelt, und ihre Steigbügel waren lang geschnallt.

„Sei vorsichtig mit den Schenkelhilfen“, erinnerte Kevin sie. „Sie ist wahrscheinlich sehr sensibel. Sie muss sich an die Schenkel gewöhnen, damit sie nicht gleich ausflippt, wenn man sie mit dem Bein berührt.“

„Damit können wir doch gleich anfangen“, schlug Melanie vor. Sie nahm die Füße aus den Bügeln und ließ die Beine herabhängen. Dann schwang sie sie an Images Seiten hin und her. Die Stute machte einen Satz nach vorn. Kevin hielt sie fest, und Melanie klopfte ihren Hals. „Ganz ruhig, mein Mädchen. Ich bin's doch nur."

Als sich Image wieder beruhigt hatte, beugte sich Melanie nach vorn und gab ihr vom Sattel aus eine Möhre. Dann steckte sie die Füße wieder in die Steigbügel, und Kevin führte sie ein paar Runden um die Wiese. Als Nächstes hakte er den Führzügel los, blieb aber immer noch bei Images Kopf und ging einfach weiter. So drehten sie eine weitere Runde.

„Jetzt bleib stehen", flüsterte Melanie Kevin zu. Als er stehen blieb, stoppte Image ebenfalls. Melanie drückte leicht die Schenkeln an. „Schritt." Sie benutzte das gleiche Kommando in der gleichen Tonlage wie bei der Arbeit mit der Doppellonge. Überrascht huschte die Stute mit ein paar schnellen Schritten nach vorn, doch kurz darauf ging sie in einem gemütlichen Schritt um die Weide wie das bravste Freizeitpferd.

Melanie hielt die Luft an. Image suchte die leichte Anlehnung an den Zügel, und ihr Schritt war flüssig und raumgreifend. Die Ohren waren aufmerksam aufgestellt, ihr Ausdruck war ruhig und gelassen. Obwohl sie nur Schritt ging, spürte Melanie die kraftvollen Muskeln des Pferdes unter sich spielen, und ein aufgeregter Schauer durchlief sie. Sie ritt Image!

Melanie lenkte Image auf einen kleinen Zirkel, ritt quer über die Wiese und dann in einem Bogen um die Hütte herum. „Halt." In der Mitte der Koppel parierte sie die Stute zum Halten durch und saß ab. Lachend sah sie Kevin an. „Ja!", rief sie.

Kevin zeigte ihr den erhobenen Daumen.

Melanie kramte die letzte Möhre aus ihrer Tasche und

gab sie der Stute. Image schob sie mit der Zunge herum, bis sie den Leckerbissen hinter das Gebiss bekam, und kaute genüsslich. Melanie konnte nicht aufhören zu grinsen. Sie schlang die Arme um den Hals der Stute und legte die Wange an ihr warmes Fell.

Sie war Image geritten, und es war genauso schön gewesen, wie sie es sich immer erträumt hatte.

Jetzt musste sie Image auf der Trainingsbahn reiten. Sie musste Fredericka – und allen anderen – zeigen, dass Image bereit für die Rennbahn war.

Melanie stützte das Kinn in die Hände. Mr. Wyman, ihr Englischlehrer, hielt einen nicht enden wollenden Vortrag über den Schriftsteller David Guterson. Im Kurs hatten sie sein Buch *Schnee, der auf Zedern fällt* durchgenommen, das einen bedeutenden Literaturpreis gewonnen hatte.

„Ist das langweilig", dachte Melanie. Jeden Abend der vergangenen Woche war sie mit dem guten Vorsatz ins Bett gegangen, ein Kapitel zu lesen. Jeden Abend war sie bei brennendem Licht und mit dem aufgeschlagenen Buch über dem Gesicht eingeschlafen.

Jetzt war sie kaum in der Lage aufzupassen. Sie konnte an nichts anderes denken als daran, dass Fredericka heute kam, um Image auf der Trainingsbahn zu sehen. Was würde passieren, wenn die Stute nicht mitmachte? Wie würde sich Fredericka entscheiden?

„Und jetzt ein kleiner unangekündigter Test." Mr. Wyman hielt ein Blatt Papier hoch.

Das Stöhnen kam von der gesamten Klasse, doch Melanie stöhnte am lautesten. Zum Glück hatte Christina das Buch letztes Jahr gelesen und Melanie etwas davon erzählt.

Vielleicht reichte das ja, um sich eine Antwort aus den Fingern zu saugen. Sie musste jetzt nur noch Englisch überstehen, dann konnte sie entspannen. In der nächsten Stunde hatte sie ihren Führerscheinkurs mit Christina und Katie Garrity.

Heute würden sie eine Probeprüfung schreiben, und Melanie freute sich schon darauf. Wenn sie und Christina eine gute Punktzahl erreichten, wollte Mike mit ihnen zum Amt fahren, wo sie ihre richtige Prüfung ablegen konnten. Melanie musste sich ständig Mitfahrgelegenheiten nach Tall Oaks organisieren, und sie war es allmählich leid. Hoffentlich hatte sie bald ihr eigenes Auto ...

Mr. Wyman ging vorbei und legte den Test auf ihren Tisch. Das Blatt war leer bis auf zwei kurze Aufgabenstellungen: *Ist Kabuo Miyamoto schuldig? Begründen Sie Ihre Meinung.*

Melanie verzog das Gesicht. Wer war Kabuo Miyamoto? Sie hob die Hand.

„Ja, Melanie?“

„Dürfen wir das Buch benutzen?“, fragte sie.

Mr. Wyman schüttelte den Kopf. „Ich denke, wir haben das Thema im Unterricht ausreichend besprochen.“

„Oh.“ Melanie stützte das Kinn wieder auf die Hand. „Vielleicht habe ich an den Tagen gefehlt?“, überlegte sie. „Oder vielleicht habe ich an Image gedacht.“

Seufzend nahm Melanie ihren Stift zur Hand.

Eine halbe Stunde später hatte es geklingelt, und Melanie suchte auf den vollen Gängen nach Christina. Als sie ihre Cousine schließlich entdeckte, winkte sie.

„Na, bereit für den Test?“, fragte Christina.

„Und wie“, sagte Melanie. „Übrigens, wer ist Kabuo

Miyamoto? In diesem Buch, von dem du mir erzählt hast – *Schnee, der auf Zedern fällt*?"

Als Christina sie aufklärte, dass er eine der Hauptfiguren war, stöhnte Melanie. „Wenn Mr. Wyman meinen Test sieht, denkt er, ich habe das falsche Buch gelesen. Das hat mir gerade noch gefehlt – wieder ein Ungenügend, mit dem ich meinen Vater beeindrucken kann."

„Glaubt er immer noch, du gehst nächstes Jahr aufs College?", fragte Christina.

„Er schickt mir Bewerbungsunterlagen von allen Unis in New York. Meinst du, das hat was zu bedeuten?"

Christina kicherte. „Irgendwann musst du es ihm sagen."

„Das werde ich auch – aber erst, nachdem er mir zu Weihnachten ein Auto geschenkt hat", entgegnete Melanie, ebenfalls kichernd.

Als sie ihren Kursraum erreicht hatten, setzten sie sich auf die freien Plätze rechts und links von Katie. Melanie summte ein paar Takte des Liedes *Summer Nights* aus *Grease*.

„Erinnere mich nicht daran. Die Proben fehlen mit jetzt schon", sagte Katie. „Aber die Castings für *Annie Get Your Gun* laufen bereits. Geh doch mal hin, Christina, vielleicht haben sie ja eine Rolle für dich."

„Und ich?", beschwerte sich Melanie.

Katie lachte. „Ich weiß, wie du singst."

Christina schüttelte den Kopf. „Ich glaube nicht, Katie. Du spielst gern, aber für mich ist das nichts. Außerdem braucht mich Stern."

„Wie geht es ihm denn?", fragte Katie.

Christina zuckte mit den Schultern. „Die letzten Spritzen haben sein Fieber gesenkt, und er frisst wieder besser."

Katie runzelte mitfühlend die Stirn. „Hoffentlich geht es ihm bald besser. Ich sehe dich kaum noch. Euch beide sehe ich kaum noch. Wisst ihr noch, als wir immer zusammen ausgeritten sind?"

Melanie warf Christina einen Blick zu. Ihre Cousine lächelte wehmütig.

„Ja. Wenn ich bei Stern bin, erzähle ich ihm manchmal davon, lange Ausritte durch den Wald zu unternehmen", sagte Christina fast verträumt. Dann verdunkelte sich ihre Miene.

Melanie fragte sich, was ihrer Cousine gerade durch den Kopf ging. „Meinst du nicht, dass Stern bald wieder gesund wird? Was sagt denn der Tierarzt?"

„Ich weiß nicht. Aber ich gebe nicht auf. Heute will ich Akupressur ausprobieren. Das ist eine Massage an ganz bestimmten Punkten des Körpers."

„Es gibt Akupressur für Pferde?", fragte Katie.

Christina nickte. „Ja. Das fördert die Durchblutung und befreit den Körper von Giftstoffen."

„Soll ich dir dabei helfen?", bot Melanie an, obwohl sie nur ungern auf Zeit mit Image verzichtete. „Es reicht, wenn ich um fünf auf Tall Oaks bin."

„Ja, gern." Christina klang erleichtert, dass Melanie ihre Hilfe angeboten hatte. „Ich habe das noch nie gemacht und könnte gut jemanden brauchen, der Stern festhält und mir die Anleitung aus dem Buch vorliest."

Nach der Schule holten sich die Mädchen im Haus noch schnell etwas zu essen und gingen dann zum Stall.

„Wir müssen Onkel Mike suchen und ihm sagen, dass wir den Probetest für den Führerschein bestanden haben", sagte Melanie. „Ich will nur sichergehen, dass wir die richtige Prüfung auch nächstes Wochenende machen können.“

„Warum bist du plötzlich so hinter deinem Führerschein her?“, fragte Christina.

Melanie zuckte die Achseln. „Ich bin es leid, immer darauf angewiesen zu sein, dass mich jemand nach Tall Oaks fährt.“

„Dann brauchst du aber immer noch ein Auto“, erinnerte Christina sie.

Melanie biss in ihren Apfel. „Dad kauft mir eins.“

„Gab es da nicht so eine Abmachung – zuerst nur Einsen und Zweien in deinem Zeugnis?“

„Ach, das hat er bestimmt schon wieder vergessen.“

Christina schüttelte lachend den Kopf. „Träum weiter, Mel. Aber auf jeden Fall danke für deine Hilfe. Ich kann etwas Aufheiterung gebrauchen.“

Melanie nickte. „Du sahst ziemlich bedrückt aus in der Schule. Gibt es noch etwas, das dich beschäftigt?“

In der Sattelkammer holte Christina Sterns Putzkasten und das Medikament aus dem Kühlschrank. Melanie nahm Sterns Halfter und Strick vom Haken an der Wand.

„Na ja, es ist wegen Stern“, sagte Christina, als sie auf die Stallgasse traten. „Ich habe in der Schule nicht die ganze Wahrheit gesagt. Es geht ihm zwar besser, aber ...“ Sie zögerte.

„Aber was?“

„Du wirst es gleich selbst sehen. Vielleicht bilde ich es mir auch nur ein.“

Melanie folgte Christina mit einem mulmigen Gefühl in der Magengrube. Verschlechterte sich Sterns Zustand? War es das, was Christina andeutete?

Als sie die Box erreichten, ließ Christina die Tür aufschwingen. Melanie machte sich auf das Schlimmste gefasst, doch Stern sah tatsächlich besser aus. Seine Rippen und Hüftknochen stachen immer noch hervor, doch er sah nicht mehr aus wie ein Gerippe, und sein Fell war nicht mehr ganz so stumpf.

Melanie sah Christina fragend an.

„Sieh einfach zu", flüsterte Christina. „Hallo, mein Hübscher." Mit ausgestreckter Hand näherte sie sich dem Pferd.

Stern legte ein Ohr zurück und beäugte Christina misstrauisch. Dann wich er vor ihr zurück in die andere Ecke der Box.

Melanie war schockiert. Stern liebte Christina. Wieso verhielt er sich so? Sie warf Christina einen Blick zu. Ihre Cousine blinzelte die Tränen zurück.

„Was hat er denn?", fragte Melanie mit leiser Stimme.

„Ich weiß es nicht", jammerte Christina.

„Er benimmt sich wie damals auf Townsend Acres", überlegte Melanie. „Reizbar und misstrauisch. Aber warum nur?"

Dann fiel ihr Blick auf die Einwegspritze in Christinas Hand. „Warte mal – es sind die Spritzen! Jedes Mal, wenn du ihm nahe kommst, denkt er, er bekommt eine Spritze."

Christina sog scharf die Luft ein. „Natürlich! Wieso bin da nicht früher drauf gekommen?"

„Weil du in letzter Zeit so müde und erschöpft bist, dass du kaum noch klar denken kannst." Melanie nahm ihr die Spritze aus der Hand und ließ sie in den Putzkasten fallen. „Von jetzt an sollen Ian oder Maureen ihm die Spritzen geben. Stern braucht dich für andere Dinge. Du musst ihm Möhren bringen, keine Nadeln in den Hals stechen."

„Das leuchtet ein.“ Christina klang erleichtert. „Ich wollte einfach alles für ihn tun. Am Anfang hat er die Spritzen kaum gemerkt. Aber jetzt zuckt er zusammen, als würde es ihm richtig wehtun.“ Diesmal näherte sich Christina dem Pferd mit ihrem angebissenen Apfel. Stern schwang den Kopf herum, sah den Apfel in ihrer Hand und machte einen Schritt auf sie zu, um ihn zu fressen. Christina lachte. „Danke, Mel! Du bist ein Genie. Sollen wir jetzt mal diese Akupressur versuchen?“

„Ja, aber dann muss ich dich auch um einen Gefallen bitten. Heute Abend will Fredericka zusehen, wie ich Image auf ihrer Bahn trabe. Elizabeth ist auch da, aber mir wäre lieber, wenn du mir hilfst. Das ist das erste Mal, dass ich Image vor Fredericka reite, also darf nichts schiefgehen.“

Christina grinste. „Ich freu mich, wenn ich dir helfen kann. Außerdem will ich sehen, wie du Image reitest.“

Mike fuhr bis zu Fredericka Stall hoch und parkte hinter einem großen Pferdetransporter, den Melanie nicht kannte.

„Bekommt Fredericka ein neues Pferd?“, fragte Mike.

„Sie hat mir nichts davon erzählt“, antwortete Melanie.

„Ich hole euch in einer Stunde wieder ab“, sagte Mike, als die Mädchen aus dem Auto stiegen. „Wir können uns auf dem Rückweg etwas beim Chinesen mitnehmen.“

„Super!“ Melanie und Christina winkten, als er fortfuhr. Dann ging Melanie zu dem Transporter hinüber. Plötzlich lief es ihr kalt den Rücken runter. „Das erinnert mich an den Abend, als sie Image weggebracht haben“, sagte sie ahnungsvoll zu Christina.

„Hallo, ihr zwei“, rief Elizabeth, die mit einem Führstrick in der Hand aus dem Stall kam.

„Was ist hier los?", fragte Melanie. Ein stämmiger Fahrer mit einer Sonnenbrille war aus dem Fahrzeug gestiegen und ließ nun die Rampe herunter.

„Fredericka hat ein neues Rennpferd gekauft", sagte Elizabeth. „Einen Hengst. Ich glaube, sie hat ganz schön viel Geld für ihn hingeblättert."

„Wieso glaubst du das?", wollte Melanie wissen.

„Weil sie sich so komisch benommen hat, als sie mir heute Morgen von ihm erzählt hat. Sie hat immer wieder betont, wie vorsichtig ich sein soll, wenn ich Court Jester auslade, und wie wahnsinnig wertvoll er doch sei. Er sei ihr ‚Millionen-Dollar-Baby', hat sie gesagt. Dabei bin ich doch immer vorsichtig." Elizabeth schüttelte den Kopf. „Das sah ihr gar nicht ähnlich."

„Soll ich ihn rausholen?", fragte der Fahrer.

„Nein, das mache ich." Elizabeth ging die Rampe hoch. Melanie erkannte nur die Umrisse des Pferdes im dunklen Transporter und seinen schwarzen Schweif, der hin- und her schlug.

Eine Minute später führte Elizabeth den Hengst die Rampe herab. Melanie trat zur Seite. Der Hellbraune hatte ein kupferfarbenes Fell mit schwarzer Mähne und schwarzem Schweif, vier leuchtende weiße Stiefel und eine weiße Blesse. Als er auf festem Boden stand, drehte er den Kopf hin und her, um alles zu sehen. Elizabeth hielt den Führstrick mit festem Griff.

„Er ist wunderschön", hauchte Christina.

„Ja, aber schön heißt noch nicht, dass er auch Rennen gewinnt", bemerkte Melanie. „Was hat er für eine Abstammung?", fragte sie Elizabeth, als sie ihr und dem Pferd in den Stall folgten.

„Das ist auch komisch“, antwortete Elizabeth. Sie blieb auf der Stallgasse stehen, und der Hengst blickte sich nervös um. Elizabeth streichelte seinen Hals. „Ich habe die Papiere gesehen. Ich kannte weder den Vater noch die Mutter noch die älteren Vorfahren.“

„Wo kommt er denn her?“, fragte Christina.

„Fairleigh Farm.“

„Fairleigh Farm. Thomas Blakelys Gestüt“, dachte Melanie. In ihrem Kopf schrillten die Alarmglocken. Sie hatte sofort das Bild vor Augen, wie Thomas Blakely auf der Keeneland-Rennbahn Alexis den Briefumschlag zugesteckt hatte. „Lass mich raten. Alexis hat Fredericka gesagt, dass sie dieses Pferd einfach kaufen muss. Stimmt's?“

„Hm – stimmt. Ich bin ziemlich sicher, Alexis hat den Hengst für sie aufgetrieben.“

Christina sah Melanie fragend an. „Was willst du damit sagen?“

Melanie schüttelte den Kopf. „Ich weiß nicht ... Fredericka hat in letzter Zeit ziemlich viele teure Pferde gekauft. Aber wenn ich mit ihr rede, scheint sie immer Geldsorgen zu haben. Wenn das so ist, wie kann sie sich dann diesen Hengst leisten?“

„Sie hat Master Charles verkauft“, sagte Elizabeth.

„Master Charles!“, wiederholte Melanie bestürzt. „Aber er war das letzte Fohlen von Townsend Mistress! Sie liebt diesen Hengst. Sie hat ihn nach ihrem Mann benannt.“

Elizabeth lächelte traurig. „Ich habe ihn auch sehr gern gehabt. Darum war ich auch so überrascht, als sie schließlich zugestimmt hat, ihn zu verkaufen. Wahrscheinlich hat Mr. Townsend ihr ein Angebot gemacht, das sie nicht ablehnen konnte.“

Melanie runzelte die Stirn. „Brad hat ihn gekauft?“

Elizabeth nickte. Ein Pferd wieherte laut, und Court Jester wieherte zurück. „Ich bringe ihn jetzt lieber in eine Box, bevor noch etwas passiert.“

„Wir legen auch mal lieber los. Fredericka wird bald hier sein.“ Melanie folgte Christina in die Sattelkammer. Sie fragte sich, was Alexis im Schilde führte. Wieso hatte sie Fredericka dazu gebracht, ein Pferd zu verkaufen, das sie liebte, nur um dafür ein anderes zu kaufen, das nicht mal eine nennenswerte Abstammung besaß?

Die Antwort geisterte irgendwo in ihrem Kopf herum, doch Melanie hatte jetzt keine Zeit, nach ihr zu suchen. Sie gab Christina Images Sattel und Zaumzeug und nahm selbst den Putzkasten.

Image trabte zum Zaun und begrüßte sie mit einem Wiehern. „Hallo, meine Schöne“, sagte Melanie und kletterte über den Zaun. Sie sprang auf die Wiese und umarmte die Stute.

Christina war beeindruckt. „Das ist ja ein ganz anderes Pferd als beim letzten Mal, als ich sie gesehen habe.“

„Komm rein. Du kannst mir beim Putzen helfen.“

„Und du garantierst mir, dass sie mir nichts tut?“, stichelte Christina, als sie das Tor öffnete.

Zusammen hatten die beiden Mädchen Image im Nu geputzt und gesattelt. Dann half Christina Melanie in den Sattel.

Melanie legte die Beine an Images Seiten, und die Stute bewegte sich ruhig vorwärts. Melanie ließ sie Schritt gehen und halten, richtete sie rückwärts und ritt eine Acht. „Sie sieht fantastisch aus!“, rief Christina.

Da musste Melanie ihr zustimmen – Image fühlte sich

auch fantastisch unter ihr an. Melanies Herz klopfte, als sie die Stute antraben ließ. Flüssig und vollkommen problemlos ritten sie Zirkel, Wendungen, ganze Paraden und aus dem Halten Antraben. Es war fast zu gut, um wahr zu sein.

„Sie hat wunderschöne Gänge. Ihr zwei solltet für Dressur trainieren", sagte Christina. „Vergiss das Rennen."

Melanie hielt Image vor Christina an, die auf dem Zaun saß. „Niemals!" Sie legte sich auf Images Hals und ließ die Arme rechts und links herunterhängen. „Rennen liegt uns im Blut, nicht wahr, Image?" Sie setzte sich auf. „Sollen wir es auf der Bahn probieren? Ich würde gern ein paar Runden drehen, bevor Fredericka kommt."

„Klar." Christina sprang vom Zaun und öffnete das Tor.

Melanie spürte, wie sich die Muskeln der Stute anspannten und ihr Schritt schwungvoller wurde. Es war das erste Mal, dass sie außerhalb der Koppel geritten wurde.

„Ich bin froh, dass du dabei bist", gestand Melanie ihrer Cousine. Allmählich wurde sie doch nervös. Was, wenn Image zu spinnen anfing, sobald sie einen Huf auf die Bahn setzte? „Sie ist so brav, ich glaube ja nicht, dass sie irgendwas macht, aber ..."

„Aber man kann nie wissen", beendete Christina Melanies Gedanken.

Christina ging neben Images Kopf und begleitete Pferd und Reiterin zum Tor, das auf die kleine Grasstrecke von Tall Oaks führte.

„Wie süß", sagte Christina. „Sieht aus wie eine Rennbahn für Shetlandponys."

„Hoffentlich gefällt sie Image. Wenn sie durchgeht oder sonst was macht ..." Melanie schüttelte kräftig den Kopf. An so etwas durfte sie erst gar nicht denken.

Image ging durchs Tor und Melanie lenkte sie im Schritt rechts herum. Die Stute drehte die Ohren aufgeregt in alle Richtungen und sie ging, als schien sie über das Gras zu schweben.

„Es gefällt ihr auf der Bahn!“, dachte Melanie aufgeregt. Ihr Herz klopfte, obwohl sie sich bemühte, ruhig zu bleiben. Sie hatte recht gehabt mit Image; sie hatte die ganze Zeit recht gehabt. Das Rennen lag der Stute im Blut. Jetzt würde es nicht mehr lange dauern, bis sie es allen beweisen konnten.

Doch zuerst musste sie es Fredericka beweisen.

Da hörte Melanie das laute Knattern eines Traktors. Image kannte das Geräusch, also machte sich Melanie keine Gedanken. Aber dann fuhr der Traktor aus dem Stall heraus. Hinter sich her zog er einen nagelneuen Miststreuer. Wer konnte so blöd sein und mit diesem Monstrum genau in ihre Richtung fahren, wenn sie Image ritt? Sie erkannte den Fahrer. Es war Drew. Alexis hatte ihn vor Kurzem angeheuert, um Stall- und Hofarbeiten zu verrichten. Drew war ein guter, fleißiger Arbeiter, doch von Pferden hatte er offensichtlich keinen Schimmer.

Als der Traktor näher rumpelte, erstarrte Image. Drew lenkte das Gefährt auf das Feld neben der Bahn. Der Miststreuer klapperte und schepperte hinter ihm her. Christina gestikulierte mit den Armen und rief Drew zu, er solle anhalten, doch über den Lärm des Motors hörte er sie nicht. Image schnaubte und wich rückwärts. Ihr ganzer Körper spannte sich an, bereit zur Flucht.

„Spiel nicht die Heldin. Spring einfach ab“, sagte sich Melanie. Sie konnte immer noch wieder aufsitzen, wenn Fredericka kam.

Rasch nahm sie die Füße aus den Steigbügeln und wollte gerade abspringen, als Image plötzlich stieg.

„Steh!“, schrie Melanie und klammerte sich verzweifelt an den Vorderzwiesel des Sattels. Der Miststreuer fing an, sich zu drehen, und der Mist spritzte in alle Richtungen. Image geriet noch mehr in Panik.

„Steh! Ruhig!“, rief Melanie, als die Stute auf allen vieren landete. Image wirbelte herum. Melanie wurde zur Seite geworfen und fasste in letzter Sekunde in die Mähne. Doch die Stute stieg schon wieder. Ihre Vorderhufe zischten durch die Luft, als würde sie einen unsichtbaren Feind abwehren. Melanie rutschte weiter und weiter nach hinten.

Dann rissen mit einem plötzlichen Ruck die Zügel. Melanie stürzte zu Boden und landete hart auf der Schulter. Image stürmte los, dass die zerrissenen Zügel hinter ihr herflatterten.

Christina schloss das Tor und lief zu Melanie, um ihr aufzuhelfen.

Melanies Blick war auf Image geheftet. Die Stute galoppierte um die Bahn, als wäre es ein Rennen. Der Traktor klapperte immer noch mit seinem Miststreuer übers Feld, doch Image schien ihn vergessen zu haben. Ihr Hals war flach gestreckt, ihr Schweif wehte waagerecht hinter ihr. Die Stute war vollkommen in ihrem Element.

Melanie rieb sich die Schulter. Sie hatte sich nichts gebrochen, doch es tat höllisch weh.

„Ihr ist wohl nichts passiert. Wenn dieser Typ nur aufhören würde, solchen Krach zu machen. Bist du verletzt, Mel?“, fragte Christina mit bleichem Gesicht.

Melanie schüttelte langsam den Kopf. „Nein, ich glaube nicht.“

Christina sah nicht überzeugt aus. „Versuch mal, den Arm zu bewegen.“

Melanie stützte den Ellbogen mit der rechten Hand ab und ließ die linke Schulter kreisen. „Alles okay. Nur eine Prellung.“ Trotzdem stiegen ihr die Tränen in die Augen. „Keine Sorge“, sagte sie schnell, als Christina die Stirn runzelte. „Ich weine nicht wegen meiner Schulter. Sondern wegen Image. Wieso spielt sie so verrückt? Sie war doch gerade noch absolut brav!“

Christina lächelte. „Sei nicht so streng mit dir. Vor diesem Miststreuer hätte jedes Pferd gescheut.“

„Es ist nicht nur das, Chris.“ Melanie schüttelte verzweifelt den Kopf. „Immer wenn es gerade gut läuft, immer wenn ich anfange, Vertrauen in Image und mein Training zu fassen, dann passiert so etwas. Stell dir vor, Fredericka wäre schon da gewesen und hätte gesehen, wie ich abgeworfen werde.“ Sie unterdrückte ein Schluchzen. „Das wäre das Aus für uns gewesen. Vielleicht haben ja doch alle recht. Vielleicht bringt Image wirklich nur Unglück, und ich verschwende nur meine Zeit!“

Kapitel 11

„Melanie, du verschwendest deine Zeit nicht!“ Christina legte ihrer Cousine die Hand auf den Arm. „Glaub mir, ich weiß genau, wie du dich fühlst. Mit Stern geht es immer wieder einen Schritt nach vorn, dann zwei zurück. Es ist wirklich schwer, daran zu glauben, dass er wieder gesund wird. Aber, Mel, ich würde Stern niemals aufgeben. Und du solltest Image auch nicht aufgeben. Du hängst genauso an ihr wie ich an Stern. Außerdem“, fuhr Christina fort und grinste verschmitzt, „war Fredericka ja nicht da. Und ich werde ihr bestimmt nicht auf die Nase binden, dass du runtergefallen bist.“

Melanie brachte ein Lachen heraus. „Danke, Chris.“

„Geht es dir besser?“

Melanie wischte sich über die Augen und nickte. Sie lächelte tapfer. „Ja, und du hast recht. Image hat sich so toll gemacht in dieser Woche. Darauf kommt es an. Was stehe ich hier eigentlich rum und heule – ich sollte sie einfangen!“

Als die Mädchen aufblickten, fegte Image um den hinteren Bogen der Grasbahn. Ihre Hufe schienen den Boden kaum zu berühren. „Wenn ich nur eine Stoppuhr hätte“, flüsterte Melanie andächtig. „Sie fliegt ja.“

„Ja, das erinnert mich daran, als sie ausgerissen ist und

auf der Turfway-Bahn das Wettrennen gegen Gratis veranstaltet hat."

Melanie verzog das Gesicht. „Siehst du, das meinte ich. Jedes Mal, wenn sie auf eine Bahn kommt, dreht sie durch."

„Aber sieh doch, wie beherrscht sie läuft. Das ist kein Durchdrehen, Mel", stellte Christina fest. „Das ist Speed."

Christina hatte recht. Melanies Puls beschleunigte sich. Das war wirklich schnell.

Als Image die Gerade am Tor heruntergaloppierte und ihnen entgegen kam, trat Melanie auf das Geläuf. „Halt, Image!", rief sie. „Halt."

Die Stute verlangsamte ihren Galopp und fiel in den Trab. Sie trabte an Melanie vorbei und dann in einem Kreis wieder zurück. Dabei schlug sie ausgelassen mit dem Kopf, als würde sie sagen: „War das ein Spaß!"

Melanie schnappte sich die herabhängenden Zügel. „Komm her, du böses Pferd. Stell dir vor, du wärst auf die Zügel getreten. Du hättest stürzen und dir den Hals brechen können."

Sie strich über Images Brustkorb, der sich hob und senkte. Dann bückte sie sich und fühlte ihre Vorderbeine.

„Ist sie verletzt?", fragte Christina.

„Nein, alles okay. Sie atmet nicht mal besonders schwer. Und sieh sie dir an!"

Image wölbte den Hals und sah sich triumphierend um, als hätte sie gerade ein Rennen gewonnen.

„Der Blick einer Siegerin", bemerkte Christina bewundernd.

Melanie schnaubte. „Der Blick einer frechen, verwöhnten Göre. Ich will ihr so ein Benehmen eigentlich überhaupt nicht durchgehen lassen."

Christina hielt die Führleine hoch. „Dann weißt du ja, was du zu tun hast. Hiermit kannst du den kaputten Zügel ersetzen."

„Ich kann gar nicht glauben, dass auch noch der Zügel gerissen ist. Es war doch gar nicht so viel Zug drauf." Melanie betrachtete die Enden in ihrer Hand. An einer Stelle war das Leder ausgefranst, wie durchgerissen. Doch der Rest der Bruchstelle sah aus, als sei das Leder mit einem Messer sauber durchtrennt worden. „Guck mal." Sie hielt Christina die Enden hin. „Das hat jemand durchgeschnitten."

„Was?" Christina sah sich die Stelle genauer an. „Tatsächlich. Das sieht wirklich so aus. Aber wer würde so etwas tun? Das ist doch lebensgefährlich."

Melanie schob die Brauen zusammen. „Ich glaube, ich weiß, wer es war. Kannst du mir einen Gefallen tun und Image kurz führen, während ich mit Drew rede?"

Christina hakte den Führstrick an Images Trense. Melanie lief zu Drew hinüber.

Sie schwenkte die Arme, um ihn auf sich aufmerksam zu machen. „Hey, Drew!", rief sie, als er in ihre Richtung schaute. „Vielen Dank, dass du mein Pferd fast zu Tode erschreckt hast."

„Hä?" Drew sah sie verständnislos an.

„Du hast mein Pferd erschreckt!", erklärte Melanie ihm. „Hast du nicht gesehen, wie ich runtergefallen bin?"

„Das tut mir leid. Aber Alexis hat gesagt, ich soll die Ladung hier auf dem Feld verteilen."

„Alexis. So eine Überraschung", dachte Melanie.

Melanie erinnerte sich daran, wie Alexis die beiden Junghengste neben Image auf die Weide gestellt hatte, als sie mit der Stute gearbeitet hatte. Sie war sicher, die Gestütsleiterin hatte das mit Absicht getan. Und nun dies. Alexis musste gewusst haben, dass Fredericka heute kommen wollte, um Melanie reiten zu sehen. Hatte sie den Zügel angeschnitten, damit Melanie auch ganz sicher einen Unfall hatte? Falls der Krach, den Drew mit dem Miststreuer machte, noch nicht ausreichte? Aber wieso würde Alexis so etwas Dummes und Gefährliches tun?

Melanie beschloss, es herauszufinden. Mit zusammengebissenen Zähnen lief sie zum Stall. Sie hörte Alexis im Büro reden. Melanie verlangsamte ihre Schritte und ging die Stallgasse hinauf. Je näher sie dem Büro kam, desto deutlicher hörte sie Alexis.

„Keine Sorge, Brad, es läuft alles nach Plan. Fredericka wird Sie in den nächsten Tagen anrufen und Ihr Angebot annehmen. Dann kommt uns auch diese Melanie nicht mehr in die Quere."

„Also führt Alexis tatsächlich etwas mit Brad im Schilde", dachte Melanie. „Ich habe die ganze Zeit richtig gelegen." Wutschnaubend stürmte sie ins Büro.

Alexis' Augenbrauen fuhren in die Höhe, als sie Melanie sah, doch sie sprach weiter in den Hörer, als wäre alles in bester Ordnung. „Fantastisch, Mr. Townsend, ich richte Fredericka aus, wie zufrieden Sie mit Master Charles sind. Und vielen Dank", sagte sie in einem geschäftsmäßigen Ton. Sie legte auf und drehte sich zu Melanie. „Hallo. Was kann ich für dich tun?" Alexis' Stimme war glatt wie Seide.

Melanie staunte, mit welcher Selbstverständlichkeit Alexis log. Sie tat so etwas sicher nicht zum ersten Mal.

„Weißt du, Alexis", begann Melanie mit ebenso glatter Stimme, „du bist schön, klug und eine ausgezeichnete Gestütsleiterin. Aber du bist auch verschlagen und herrschsüchtig und willst alles unter Kontrolle haben. Ich weiß, dass du Fredericka manipulierst und betrügst."

Alexis ließ ihren kühlen Blick auf Melanie ruhen und verschränkte die Arme vor der Brust. „Du bist diejenige, die Fredericka manipuliert. Immer wieder überzeugst du sie davon, Zeit und Geld an dieses verrückte Pferd zu verschleudern. Ich habe gesehen, wie Image dich abgeworfen hat und dann wie eine Irre um die Bahn gerast ist. Es ist ein Wunder, dass dir nichts passiert ist."

„Ich sage dir, warum ich runtergefallen bin: weil der Zügel gerissen ist. Und der ist nur gerissen, weil ihn jemand angeschnitten hat."

„Ach, und das soll ich gewesen sein? Entschuldige bitte, aber das ist wirklich lächerlich. Damit kommst du nicht durch. Fredericka wird jeden Augenblick mit Vince hier sein, und glaub mir, ich werde ihr erzählen, was passiert ist. Sie wird sich wünschen, Image schon längst verkauft zu haben. Brad hat ihr ein gutes Angebot gemacht."

„Wenn Image so verrückt ist, wie du immer sagst, wieso willst du dann, dass Brad sie kauft? Du scheinst doch ein so tolles Verhältnis zu ihm zu haben." Plötzlich dämmerte Melanie, welche Rolle Alexis hier spielte. „Moment mal. Daher weißt du, wie viel Geld Brad Fredericka geboten hat. Und darum willst du, dass sie Image an Brad verkauft. Er bezahlt dich, nicht wahr?"

Alexis zuckte die Achseln. „Brad hat mir für die Vermittlung eine Provision geboten. Das ist nichts Verwerfliches."

„Ich bin nicht sicher, ob Fredericka das genauso sieht", versetzte Melanie. „Wie viele Pferde hast du für sie gekauft und verkauft? Sechs?" Melanie überschlug die Zahlen im

Kopf. „Nehmen wir an, du kriegst fünfzehn Prozent, das ist der übliche Satz. Das heißt, mit Court Jester hast du 150.000 Dollar gemacht – wenn er tatsächlich eine Million gekostet hat. Ich wette, das Geld war in dem Umschlag, den du von Thomas Blakely bekommen hast. Der Deal mit Master Charles dürfte dir noch mal etwa 75.000 gebracht haben. Kein Wunder, dass du so scharf darauf warst, Master Charles an Brad zu vermitteln und gleichzeitig Fredericka Court Jester aufzuschwatzen, der wahrscheinlich eine weniger gute Abstammung hat. Du hast an beiden Geschäften ordentlich verdient." Melanie verengte die Augen zu Schlitzen und musterte Alexis. Die Gestütsleiterin hatte einen harten, kalten Gesichtsausdruck, und auf einmal fand Melanie sie überhaupt nicht mehr hübsch.

„Und das sind nur zwei Pferde", fuhr Melanie fort. Je mehr sie darüber nachdachte, wie Alexis Fredericka ausgenutzt hatte, desto wütender wurde sie. „Wie viel Geld du mit Khan, ihrem Deckhengst, und Gratis gemacht hast, will ich mir gar nicht vorstellen. Ich wette, du hast dich dumm und dusselig verdient, seit du die Stelle auf Tall Oaks hast. Wahrscheinlich brauchst du bald gar nicht mehr zu arbeiten. Du kannst dich zur Ruhe setzen!"

„Was willst du mir denn eigentlich sagen?" Alexis sah nicht mal verunsichert aus. „Die Geschäfte waren nichts Ungesetzliches, du hast keinerlei Beweise gegen mich, und Fredericka war mit jedem Kauf und jedem Verkauf einverstanden. Ja, sie ist sogar begeistert von den Pferden, die ich ihr vermittelt habe."

„Nur weil sie dir vertraut. Sie glaubt doch, du tust das alles für sie."

„Das stimmt ja auch." Alexis schwenkte die Hand in

Richtung des neuen Stallanbaus. „Khan ist für die nächste Decksaison komplett ausgebucht. Und Gratis hat ihr ein paar schöne Gewinnsummen gebracht.“

„Aber jetzt kauft sie Pferde, die sie sich nicht leisten kann“, stellte Melanie fest. „Und verkauft Pferde, die sie liebt, weil du ihr dazu rätst. Wenn sie so weitermacht, ist sie bald pleite, während du reich wirst. Aber das würde dir wahrscheinlich ganz gut passen, dann könntest du eine schöne, dicke Provision auf den Notverkauf des Gestüts absahnen.“

„Sehr beeindruckend. Du hast eine lebhafte Fantasie“, bemerkte Alexis bloß und verdrehte die Augen.

„Schon möglich. Aber was passiert wohl, wenn ich Fredericka erzähle, dass du ihre Pferde danach aussuchst, wie viel Geld du an ihnen verdienst, anstatt danach, welche Renn- und Zuchterfolge sie ihr bringen können?“

Alexis schnaubte. „Dann erzähl es ihr doch. Wieso sollte sie dir glauben?“

„Die Besitzer und Händler, die dir die Provisionen gezahlt haben, reden bestimmt auch gern mit Fredericka.“

„Du bist so naiv.“ Alexis grinste hämisch. „Glaubst du nicht, die haben auch daran verdient?“

Melanies Kiefer mahlten. „Na schön. Aber mit Image wirst du deine Spielchen nicht spielen. Ich habe gehört, was du am Telefon zu Brad gesagt hast, aber dein Plan wird nicht funktionieren. Image hat sich ordentlich benommen und ist um die Bahn gerannt wie ein Star.“

Alexis’ Gesicht war wie versteinert. „Außer dir glaubt doch sowieso niemand daran, dass aus der Stute noch irgendwas werden könnte.“

„Doch. Fredericka.“

„Nicht, wenn ich ihr erzähle, was gerade passiert ist."

Diesmal konnte Melanie hämisch grinsen. „Nur zu. Aber ich kann mir nicht vorstellen, dass sie noch auf dich hört, wenn sie erfährt, was du die ganze Zeit getan hast. Image kommt morgen nach Whitebrook, wo sie als Rennpferd trainiert wird." Melanie nahm den Telefonhörer und hielt ihn Alexis hin. „Ich schlage vor, du rufst Brad an und sagst es ihm."

„Das werde ich nicht." Alexis riss Melanie den Hörer aus der Hand und knallte ihn auf die Gabel. „Noch hast du nicht gewonnen, Melanie."

„Doch, ich denke schon", erwiderte Melanie. „Fredericka wird mir vielleicht nicht sofort glauben, wenn ich ihr von meinem Verdacht gegen dich erzähle, aber wenn du ihr das nächste Mal empfiehlst, ein Pferd zu kaufen oder zu verkaufen, wird sie sich das zweimal überlegen." Melanie schenkte der Gestütsleiterin ihr frechstes New Yorker Grinsen, und zum ersten Mal sah sie eine Unsicherheit in Alexis' Augen aufflackern. „Dein Betrug ist vorbei, Alexis."

Damit eilte Melanie aus dem Stall. Ihr war, als wäre eine Riesenlast von ihren Schultern gefallen. Zum ersten Mal war sie vollkommen sicher, dass sie und Image auf dem richtigen Weg waren.

Image brachte kein Unglück und war kein schlechtes Pferd. Sicher, sie hatte ihre Fehler, doch hinter vielen der kleineren und größeren Unglücke, die immer wieder mit ihr passiert waren, steckte vermutlich Alexis. Melanie hatte sie immer schon in Verdacht gehabt, doch sie hatte nie ein Motiv erkennen können. Jetzt wusste sie, dass sie recht gehabt hatte, und sie kannte den Grund:

Habgier.

Melanie fühlte sich leicht und befreit, während sie den Hang hinablief. Christina führte Image und redete dabei mit ihr. Die Stute hatte die Ohren gespitzt, als würde sie ganz genau zuhören. Dann schwang sie den Kopf herum, erblickte Melanie und wieherte laut.

„Was ist passiert?", fragte Christina und führte Image zum Tor.

„Das erzähle ich dir später." Melanie blieb stehen. „Jetzt muss ich in den Sattel. Hilfst du mir rauf? Fredericka wird jeden Moment hier sein. Und sie kommt mit Vince. Sie sollen sehen, wie ich Image um die Bahn trabe."

Christina nahm Melanies Knie und hob sie in den Sattel. Dann gab sie ihr den Führstrick in die Hand, damit sie ihn als Zügel benutzen konnte. Melanie wurde fast schwindelig, als sie daran dachte, was Fredericka und Vince gleich sehen würden: das Rennpferd, zu dem Image geboren war.

Nervös gurtete sie noch einmal nach und fummelte am Kinnriemen ihrer Kappe. Den Stall ließ sie dabei nicht aus den Augen. Alexis hatte gesagt, sie würden jeden Augenblick hier sein. Es war schon nach halb sechs. „Wo bleiben sie nur?", jammerte Melanie.

„Hör auf, dich verrückt zu machen. Ich suche Fredericka und sorge dafür, dass sie dich sieht. Viel Glück!" Christina trat zurück und fügte hinzu: „Alles klar?"

„Ja. Nur nervös." Melanie atmete tief durch und drückte die Beine gegen Images Seiten. Die Stute schritt eifrig vorwärts. Drew hatte den Dünger verteilt, und auf den Feldern und Wiesen war alles ruhig. Christina ging den Hang hinauf zum Stall. Die Sonne verschwand langsam hinterm Horizont und eine kühle Brise strich an Melanies Wangen entlang.

Melanie schnalzte mit der Zunge. Image fiel in den Trab und kurz darauf in den Galopp. Melanie hatte die Stute noch nie zuvor galoppiert, und im ersten Moment bekam sie einen Schreck. Sie setzte sich tief in den Sattel und gab Paraden. Doch dann spürte sie den runden, gleichmäßigen Takt von Images Gangart. Sie brauchte keine Angst zu haben, alles war in Ordnung. Fredericka hatte nur einen Trab verlangt, doch wenn sie Image in diesem Galopp um die Bahn fliegen sah, würde es ihr den Atem verschlagen. Melanie neigte den Oberkörper nach vorn und balancierte ihr Gewicht auf den Fußballen. Image schien unter ihr zu schweben, als sie um den ersten Bogen galoppierten.

Aus den Augenwinkeln sah sie Vince, Fredericka und Christina aus dem Stall kommen. „Das ist unsere Chance, Image", flüsterte Melanie. „Jetzt zeigen wir ihnen, was in dir steckt."

Image zuckte mit den Ohren und verlängerte ihren Galoppsprung, als hätte sie Melanie verstanden. Melanie spürte die Kraft und Energie, die durch Images Körper strömte. Es war, als hätte die Stute ihr ganzes Leben nichts anderes gemacht. Melanies Herz schlug im Takt der trommelnden Hufe.

Freudentränen stiegen Melanie in die Augen. Dies war das Ziel, auf das sie die ganze Zeit hingearbeitet hatte!

Sie warf einen Blick zum Stall. Vince, Christina und Fredericka standen vor der offenen Tür und beobachteten sie. Vince hatte die Arme vor der Brust verschränkt, und die Krempe seines Filzhuts verdeckte sein Gesicht. Doch Fredericka winkte mit einem Taschentuch und drückte es sich dann vor den Mund, als würde sie gleich vor Freude weinen.

Melanie wusste genau, wie sie sich fühlte.

Am Dienstagmorgen wachte Melanie früh auf. Sie war viel zu aufgeregt, um noch länger zu schlafen. Image kam nach Whitebrook! Sie sprang aus dem Bett und tapste in Christinas Zimmer. Ihre Cousine hatte den Kopf unter dem Kissen vergraben. „Aufwachen, Schlafmütze!“, flötete Melanie.

„Hau ab“, brummte Christina.

„Geht nicht. Ich muss mit jemandem reden. Sonst platze ich.“

„Dann geh in den Stall.“ Christinas Stimme klang dumpf. „Rede mit den Pferden. Und sag diesen Vögeln da draußen, sie sollen aufhören zu singen. Wir müssen noch nicht zur Schule. Erst in ...“ Sie lugte unter dem Kissen hervor und warf einen Blick auf ihren Wecker. „Fünf Stunden?“

Melanie lachte. „Da singen keine Vögel. Die schlafen noch.“ Sie klopfte auf das Kissen, unter das sich Christina wieder verzogen hatte. „Komm, steh auf! Image müsste in etwa zwei Stunden hier sein. Joe bringt sie auf seinem Weg von Keeneland mit. Was hältst du davon, wenn ich uns Blaubeer-Muffins mache? Würde dich das aus dem Bett locken?“

Ein gedämpftes Grunzen sagte Melanie, dass sie es aufgeben solle. Summend sprang sie die Treppe hinunter, zwei Stufen auf einmal nehmend.

Aileen war bereits in der Küche und kochte Kaffee. Sie trug ihren Bademantel und ihre braunen Haare waren zerzaust. „Aufgeregt?“, fragte sie.

Melanie nickte. „Zu aufgeregt zum Schlafen. Soll ich schon Frühstück machen?“

„Gute Idee. Ich habe einen Bärenhunger. Mike müsste auch gleich aus dem Stall kommen. Er geht mit Cindy die

Pläne für die Morgenarbeit durch. Und der Tierarzt kommt nachher, um nach Catwink zu sehen."

„Ist Catwink krank? Holt Joe sie deswegen von der Rennbahn zurück?"

„Sie geht vorne links nicht ganz klar. Aber das Bein ist nicht dick oder heiß. Wahrscheinlich müssen wir einen Ultraschall machen."

Melanie riss die Schranktüren auf, holte Mehl, Zucker und Muffin-Formen heraus und knallte die Türen wieder zu. Aileen saß am Küchentisch und trank ihren Kaffee. „Melanie, wenn Image jetzt auf Whitebrook steht und du wieder mehr hier bist, kannst du doch auch wieder in der Morgenarbeit reiten. Und wir möchten, dass du Rennen für uns reitest. Das erste ist diesen Samstag."

Melanie wurde ganz kribbelig. „Ist das euer Ernst, Tante Aileen? Ich bin doch völlig aus der Übung."

„Natürlich ist das unser Ernst. Du hast uns hier gefehlt. Und vergiss nicht deinen Sieg mit Raven. Mel, du bist eine unserer besten Reiterinnen."

„Danke. Ich würde wirklich gern wieder mehr Rennen reiten. Aber ich will Image so viel Aufmerksamkeit widmen wie möglich. Sie liegt jetzt schon hinter allen anderen Stuten in ihrem Alter zurück. Ich will sie so bald wie möglich in ein Rennen schicken."

„Aber pass auf, dass du sie nicht überforderst", mahnte Aileen. „Ich habe gehört, wie begeistert Fredericka von deinem Ritt war, aber das ist etwas ganz anderes, als in einem echten Feld auf einer echten Rennbahn zu galoppieren."

„Ich weiß. Aber sogar Vince war beeindruckt." Melanie lachte. „Na ja, er hat nicht gesagt, dass er beeindruckt war, aber er hat weniger gebrummt und geknurrt als sonst."

„Dann muss er ziemlich beeindruckt gewesen sein.“ Aileen lachte auch.

Einem plötzlichen Impuls folgend, lief Melanie zu ihrer Tante und schlang die Arme um sie, so dass sie das Mehl über Aileens Bademantel verteilte. „Danke, Tante Aileen, dass du an mich glaubst.“ Melanie hatte vor Rührung einen dicken Kloß im Hals, und ihre Stimme war belegt. „Danke, dass Image nach Whitebrook kommen darf. Danke für alles!“

„Gern geschehen, Melanie“, erwiderte Aileen. Sie klang genauso gerührt.

Schnell drehte sich Melanie wieder um und versuchte, sich aufs Backen zu konzentrieren, doch bei jedem Geräusch rannte sie zum Fenster, um nachzusehen, ob es vielleicht Joe war, der zum Stall fuhr.

Erst um kurz vor sieben, als Melanie und Christina nach dem Frühstück die Küche aufräumten, kam endlich der Transporter. Melanie ließ die Backform, die sie gerade abtrocknete, auf die Arbeitsplatte fallen und lief zur Tür hinaus. Christina rannte hinterher.

Am Trainingsstall parkte Joe gerade den Transporter, um den sich schon die Schaulustigen versammelten. Mike, Cindy, Aileen und Ian kamen neugierig aus dem Stall. Sogar Kevin humpelte herüber.

Melanie hörte einen lauten Knall aus dem Inneren des Wagens, als eines der Pferde gegen die Wand trat.

„Ich konnte doch nicht zur Schule gehen, ohne zu wissen, ob Image ihrem Ruf gerecht wird und die Transportertür zerlegt“, witzelte Kevin.

„Sei bloß still“, sagte Melanie warnend.

„Das ist Catwink“, erklärte Joe, als er sich aus dem Fahrerhaus schwang. „Sie macht das schon seit Keeneland. Image und Pirate waren lammfromm.“

„Wie ging das Verladen?“, fragte Mike. „Wir haben uns schon gefragt, wieso du so lange brauchst.“

„Sie haben sich alle gut verladen lassen. Zum Glück, denn ich hatte keine Hilfe. Mrs. Graber war allein auf Tall Oaks.“

„Wo war denn Alexis?“, wollte Melanie wissen.

Joe zuckte die Achseln. „Mrs. Graber hat gesagt, sie hat gekündigt. Ist wohl einfach gegangen, ohne was zu sagen.“

Melanie hob die Augenbrauen und warf einen Blick zu Christina, die nicht sehr überrascht aussah. Am Tag zuvor hatte Melanie Fredericka die Wahrheit über Alexis erzählen wollen. Doch Fredericka war so begeistert von Images Galopp gewesen, dass sie sofort verkündet hatte, die Stute sei bereit für das Training auf Whitebrook. Als dann auch noch Vince seine Zustimmung gegeben hatte, war Melanie viel zu glücklich gewesen, um in dem Moment so eine schlechte Nachricht zu überbringen. Und wenn Alexis gekündigt hatte, konnte sie sich das ja nun auch sparen. Fredericka würde sich alles selbst zusammenreimen.

„Vielleicht ist sie zurück nach Kalifornien gegangen“, sagte Ian. „Ich habe gehört, dass sie Fredericka ausgenutzt hat und Vince etwas dagegen unternehmen wollte.“

„Woher weißt du das?“, fragte Melanie.

Ian zuckte die Achseln. „Ach, ich höre so einiges“, antwortete er, und alle lachten.

„Wenn Alexis weg ist, braucht Fredericka eine neue Gestütsleiterin“, bemerkte Cindy.

Als sich alle gleichzeitig zu ihr umdrehten, hob sie abwehrend die Hand. „Seht mich nicht so an. Ich werde zu viel damit zu tun haben, mich von meiner Operation zu erholen."

„Du hast dich also dafür entschieden?", fragte Melanie.

Cindy lächelte zögernd. „Sagen wir einfach, ich wurde überredet", antwortete sie mit einem Seitenblick zu Ian, der so tat, als hätte er nicht gehört, was seine Tochter sagte.

„Nimmst du Pirate?", fragte Melanie Kevin und reichte ihm einen Führstrick. „Wir stellen die beiden zusammen auf die große Koppel an der Zufahrt."

Melanie half Joe, die schwere Rampe zu entriegeln und zu Boden zu lassen. Als sie Images hübschen Kopf sah, füllten sich ihre Augen mit Tränen.

Sie eilte die Rampe hinauf, und Kevin folgte ihr. Image begrüßte sie mit einem leisen Wiehern. „Hallo, meine Schöne." Melanie streichelte ihren Hals. „Wie war die Fahrt?"

Image schlug mit dem Kopf, dass die Anbindeketten rasselten.

„Du freust dich genauso wie ich, nicht wahr?" Melanie löste die Ketten und hakte den Führstrick ans Halfter.

Sie holte tief Luft. Es war so weit. Ein neues Kapitel in Images Leben begann. Melanie wusste, dass es nicht einfach werden würde, doch die Herausforderung machte ihr keine Angst. Im Gegenteil, sie freute sich darauf. Sie schnalzte mit der Zunge und dirigierte die Stute aus dem engen Stand. Oben an der Rampe blieb Image stehen und sah sich mit großen, neugierigen Augen ihre neue Umgebung an.

„Ja, schau dich gut um, Perfect Image", sagte Melanie voller Stolz. „Das ist Whitebrook, das beste Gestüt auf der ganzen Welt – und ab jetzt nicht nur mein, sondern auch dein Zuhause!"

Hat dir dieses Buch gefallen?
Die „Vollblut"-Serie und viele andere spannende Pferdebücher gibt es nur beim PonyClub!

Mehr Infos zum Club bekommst du hier:

Von Joanna Campbell sind im PonyClub bereits erschienen:

Vollblut-Serie:

Ein Pferd namens Wunder (Vollblut 1), 1998
Wunders Versprechen (Vollblut 2), 1998*
Wunders erstes Rennen (Vollblut 3), 1998*
Wunders Sieg (Vollblut 4), 1998*
Aileens Traum (Vollblut 5), 1998*
Wunders Jährling (Vollblut 6), 1998*
Samanthas große Hoffnung (Vollblut 7), 1999*
Keine Hoffnung für Sierra (Vollblut 8), 1999*
Um den höchsten Einsatz (Vollblut 9), 1999*
Letztes Rennen für Stolz (Vollblut 10), 1999*
Wunders Schwester (Vollblut 11), 2000*
Shinings Waisenkind (Vollblut 12), 2000*
Cindys Ausreißer (Vollblut 13), 2000*
Cindys junger Hengst (Vollblut 14), 2000*
Glorys Triumph (Vollblut 15), 2001*
Glory in Gefahr (Vollblut 16), 2001*
Aileens Abschied (Vollblut 17), 2001*
Glorys Rivale (Vollblut 18), 2001*
Cindy muss sich entscheiden (Vollblut 19), 2002*
Rebell der Rennbahn (Vollblut 20), 2002*
Champion im Rampenlicht (Vollblut 21), 2002*
Duell in der Wüste (Vollblut 22), 2002*
Ein Sturz mit Folgen (Vollblut 23), 2003*
Das Pferd ihrer Träume (Vollblut 24), 2003*
Melanies Schatz (Vollblut 25), 2003
Sterlings zweite Chance (Vollblut 26), 2003
Neue Hürden für Christina (Vollblut 27), 2004
Reiterferien auf Saddlebrook (Vollblut 28), 2004
Melanie unter Verdacht (Vollblut 29), 2004
Dylans Entscheidung (Vollblut 30), 2005
Ein Zuhause für Melanie (Vollblut 31), 2005

Cassidys Geheimnis (Vollblut 32), 2005
Der Herausforderer (Vollblut 33), 2006
Der Ruf der Rennbahn (Vollblut 34), 2006
Rennen um jeden Preis (Vollblut 35), 2006
Abschied von Wunder (Vollblut 36), 2007
Stern in Gefahr (Vollblut 37), 2007
Ein Jockey für Stern (Vollblut 38), 2007
Lebende Legende (Vollblut 39), 2007
Volles Risiko (Vollblut 40), 2008
Ein Traum in Gefahr (Vollblut 41), 2008
Immer Ärger mit Image (Vollblut 42), 2009
Gefallener Stern (Vollblut 43), 2009

Aileen-Serie:

Lightnings letzte Hoffnung (Aileen 1), 2000*
Ein Pferd zu Weihnachten (Aileen 2), 2000*
Warten auf Stardust (Aileen 3), 2001*
Kampf um Midnight (Aileen 4), 2001*
Der Verlierer (Aileen 5), 2001
Ein gefährlicher Ritt (Aileen 6), 2002*
Der Tag des Derbys (Aileen 7), 2002
Das verschwundene Fohlen (Aileen 8), 2003
Ein Herbst voller Abschiede (Aileen 9), 2003
Derby-Träume (Aileen 10), 2004
Aileens Versprechen (Aileen 11), 2004
Das Reitercamp (Aileen 12), 2005
Der Preis (Aileen 13), 2005
Rangers letzte Chance (Aileen 14), 2006
Stardusts Fohlen (Aileen 15), 2006

Der wilde Rebell, 1998*
Ein Stern geht auf, 1998*

*nicht mehr lieferbar